南开大学经济与社会发展研

U0505787

中国扶贫开发政策的成效评估研究

周玉龙 ◎ 著

中国财经出版传媒集团

经济科学出版社

Economic Science Press

图书在版编目（CIP）数据

中国扶贫开发政策的成效评估研究 / 周玉龙著. —
北京：经济科学出版社，2021.11
　ISBN 978-7-5218-2935-8

　Ⅰ.①中…　Ⅱ.①周…　Ⅲ.①扶贫–经济政策–研究
–中国　Ⅳ.① F126

中国版本图书馆CIP数据核字（2021）第198135号

责任编辑：李　军　谭志军
责任校对：刘　昕
责任印制：范　艳　张佳裕

中国扶贫开发政策的成效评估研究
周玉龙　著
经济科学出版社出版、发行　新华书店经销
社址：北京市海淀区阜成路甲28号　邮编：100142
总编部电话：010-88191217　发行部电话：010-88191522
网址：www.esp.com.cn
电子邮箱：esp@esp.com.cn
天猫网店：经济科学出版社旗舰店
网址：http://jjkxcbs.tmall.com
北京季蜂印刷有限公司印装
710×1000　16开　10.75印张　190000字
2021年11月第1版　2021年11月第1次印刷
ISBN 978-7-5218-2935-8　定价：48.00元
（图书出现印装问题，本社负责调换。电话：010-88191510）
（版权所有　侵权必究　打击盗版　举报热线：010-88191661
QQ：2242791300　营销中心电话：010-88191537
电子邮箱：dbts@esp.com.cn）

代 序

反贫困研究一直是经济学研究的一个重要组成部分，国际上诺贝尔经济学奖得主中我们也能够看到熟悉的反贫困研究学者的名字。反贫困是一项全球性的事业，反贫困研究是经济学理论一个重要的分支。

自改革开放以来，我国反贫困战略取得了举世瞩目的成果，特别是在2013~2020年，中央实施"精准扶贫"战略，成功实现了绝对贫困人口的全面脱贫目标。与之相对应，扶贫开发的研究也取得了长足的进步，形成了大量的研究成果。在此，我向各位读者隆重推荐周玉龙博士的专著《中国扶贫开发政策的成效评估研究》，这是一部有代表性的反贫困问题研究的专著。

周玉龙博士在中国人民大学攻读博士学位时便对扶贫开发相关的政策评估问题产生了浓厚的兴趣，并对其进行了多角度的研究，就相关问题与我进行了多次讨论，并合作发表了一系列核心期刊的文章。周玉龙博士研究的成果构成了博士论文的主要部分，并形成了这本书的基本内容。在本书中，作者为了克服数据质量的问题，采取了多个来源、不同层面的数据，包括机构调查数据、年鉴数据以及实地调研所获取的数据等，在此基础上，针对以往研究使用单一贫困线的缺陷，将物价的时空差异、家庭规模等因素纳入考虑，重新测算了我国的贫困水平，采用相对严谨的因果推断方法对扶贫开发政策进行了评估，并进一步从社会资本的角度分析了影响扶贫开发政策有效性的机制。当然，该书也不乏现实的案例分析和对扶贫政策的现实梳理和理论探讨。在此基础上，作者总结了我国扶贫开发政策的有益经验和未来的改革方向。因此，这是一项内容系统、逻辑严谨的研究成果。

当前，中国的经济社会发展已经进入到一个新的、启动社会主义现代化建设新征程的发展阶段，新时代的反贫困事业也从"扶贫开发"和"脱贫攻坚"深化到"乡村振兴"的新战略，关注的重点聚焦到欠发达地区和低收入人口的发展与致富问题上。从经济学理论上讲，乡村振兴战略在理论上仍然可以看作是反贫困经济学的理论与实践研究，因为反贫困问题不管在经济学理论研究，还是在当下的中国经济实际发展中，都仍然是一个重大问题。我认为年轻学者投身到这方面的研究当中，对中国经济和经济学的发展是大有裨益的。

周玉龙博士的《中国扶贫开发政策的成效评估研究》一书，从两个方面提出了进一步进行中国反贫困研究的路径：一是加强经验研究，全面总结国内外反贫困的战略与经验，特别是我国反贫困人战略中的制度设计与实践案例，结合前沿的研究方法，形成中国反贫困研究的理论体系；二是进一步做好实地调研，全面深入地了解农村经济的实际运行情况，分析方方面面的内容，探讨各个政府部门与反贫困的关系，进一步完善当前实施的乡村振兴战略。

最后，我想再次强调，反贫困研究是一个意义深远但研究难度较大的领域，需要有能力有抱负的青年学者投身到其中，为中国的反贫困事业做出新贡献。衷心祝愿周玉龙博士《中国扶贫开发政策的成效评估研究》一书的出版，为各位读者带来研究和思维上的启发。

是为序。

孙久文

中国人民大学应用经济学院教授、博士生导师

原国务院扶贫开发领导小组专家咨询委员会委员

全国经济地理研究会会长

2021 年 9 月

前　言

　　减少贫困是人类发展的永恒主题。中华人民共和国成立之后，尤其是改革开放以来，减贫事业取得了前所未有的成就，在2020年已经实现了全面脱贫目标，为世界范围内的贫困缓解做出了巨大贡献。这种成就的取得与中国实施的一系列经济发展和扶贫开发政策密不可分。随着中国综合国力的不断强大和实现共同富裕的进一步要求，扶贫开发以及乡村振兴事业的任务越发紧迫，及时对扶贫开发政策的有效性进行评价具有重大的理论及现实意义。

　　扶贫开发政策的效果评价是一个系统工程，涉及多个研究主题。基于丰富的微观调查和宏观统计数据，本书综合利用数据挖掘、随机控制试验、微观计量和比较研究等方法，探讨了21世纪以来贫困程度和空间异质性的演进过程，评估了扶贫开发政策的有效性，并对其政策作用背后的微观机制进行了进一步的检验。同时，本书也从宏观的理论层面辨析了扶贫开发政策的空间属性。以此为基础，就未来扶贫政策改革提出了若干建议。

　　本书首先回顾了现有的关于中国贫困问题研究的文献，包括贫困数据质量、贫困程度估算、政策效果评价方法、扶贫开发政策的有效性评价和政策改革等相关领域，发现已有研究仍然不够充分。首先，在数据使用方面，过往研究贫困问题所采用的数据包括宏观和微观两种，但整体看来并不系统，来源也五花八门，权威性不强。其次，在估算中国的贫困率时，现有多数研究一方面未考虑物价差异和家庭规模经济的影响，另一方面对2005年之后的贫困水平及相应的空间异质性也缺乏关注。而在政策效果评价领域，大量研究没有采取相对严谨的因果推断方法。同时，具体到中国的扶贫政策评价上，多数研究只考察了政策的短期效果，对十年以上的政策长期效果则未有关注。另外，在政策改革领域，多数研究只局限于短期内特惠型的农村扶贫开发政策，对覆盖面更广的普惠型扶贫政策和2020年之后的政策改革缺乏研究，而扶贫开发政策的空间瞄准取向是否需要进一步改革需要理论层面的思考。

　　扶贫开发政策评价涉及分别作为评价对象的政策内容和政策结果的贫困程

度两个最重要的因素。本书计算了适用于各省城乡地区的多水平贫困线，同时通过家庭等值规模调整消除了家庭规模经济对生活水平度量的影响。在此基础上，利用中国综合社会调查（CGSS）2003~2013年的微观住户调查数据对部分城乡、四大板块及是否为国家扶贫开发工作重点县（简称"国贫县"）的贫困程度进行了重新估计，并分析了不同空间维度贫困及其演进的异质性特征。经研究发现，忽视家庭规模经济和不考虑空间物价水平差异都会导致对贫困程度的误读。2002~2012年，中国的贫困水平虽然有所起伏，但整体有大幅度的缓解，尤其是2007~2009年的下降最为明显。到2012年中国农村贫困率为14.8%，城镇贫困率为3.8%，全国仍然有1.02亿人生活在国家统计局2011年设定的贫困线之下。相对于城镇地区，农村最低生活保障覆盖率的提高显著降低了农村的贫困广度，但相对于东部和东北地区，中、西部地区仍然需要依靠经济总体增长来进一步摆脱贫困，而扶贫开发投入的可持续性对国贫县的脱贫步伐影响显著。

以从现实角度对中国近些年贫困状况的探讨为基础，本书对扶贫开发的政策效果进行了评价。向国贫县倾斜是中国农村扶贫开发政策在空间维度上的重要特点，以国贫县为主要瞄准对象的扶贫开发至今已经进行了30多年，同时期的贫困得到了缓解显著，但国贫县帽子摘不掉、国贫县并非真贫困等问题也逐渐暴露，促使本研究对瞄准贫困县扶贫开发政策的有效性进行研究。本书关注20世纪90年代以来国贫县名单调整的准自然实验，利用双重差分倾向得分值匹配以及合成控制法克服了国贫县认定与发展的内生性对因果效应估计的影响，从农民收入的角度考察了扶贫开发政策对农户增收脱贫的影响。研究结果表明，列入国贫县的短期农民增收效应十分显著，但长期来看，以国贫县为单位的扶贫开发的边际效应不够明显。

导致扶贫开发政策效率不尽如人意的原因十分复杂，但微观层面上扶贫资源的分配结果脱离政策本意是最主要的因素之一。同时，社会资本是理解扶贫开发资源分配的重要视角。因此，在考察了社会资本通过影响扶贫资源分配进而影响农户脱贫的机制，为扶贫政策的效率损失提供了一个解释。基于2006年CGSS的农村微观数据，利用消除区域物价差异和家庭规模经济的方法识别贫困人口，通过国贫县与非国贫县的对照研究了社会资本的资源俘获效应对扶贫成效的影响和机制。研究发现，国贫县中农村贫困人口的社会资本具有显著的资源俘获效应，因此脱贫效果高于非国贫县。同时本书进一步考察了社会资本资源俘获的异质性和微观机制，发现与政府和本地居民相关的社会资本俘获效应更强，因此回报率更高。多种形式的稳健性检验均支持以上结论。

瞄准贫困地区是过去 30 多年中扶贫开发政策的固有空间属性，以此为基础的扶贫开发也取得了一定的成就。但在当前我国经济社会快速发展的背景下，这种扶贫开发模式是否仍然能够持续高效发力需要进一步思考。通过对全世界不同地区在 2010 年前后陆续发布的发展报告进行的案例分析，本书讨论了发展干预政策空间属性的内涵及其适用情境，以此为基础进一步从空间维度理顺了扶贫开发政策的改革方向。进入 21 世纪后，世界银行、经济合作与发展组织（OECD）、欧盟、南美洲发展银行和中国政府陆续出台了覆盖世界大部分地区的区域发展报告或规划，但它们主张的不同政策干预思路引发了对经济发展机制和政策干预模式的重新思考。本书将其中的干预思路分为基于地区和空间中性两派，并进一步梳理了这两种经济发展政策干预理论的脉络，以此为基础对中国的区域开发政策进行了审视。研究认为，基于地区和空间中性思路的选择取决于包括经济体要素市场和基本公共服务等制度要素的完善程度，在不同的发展阶段的同一经济体或其中发展水平不同地区的政策干预应该采取不同的思路。当前中国大部分地区，尤其是扶贫开发瞄准的落后地区要素市场和制度建设多数不够成熟，适合采取基于地区的开发思路；决策部门应当摒弃"一刀切"的政策思路，在制定开发战略时一方面尽快完善地方基本公共服务制度，另一方面要考虑地方背景，提高政策精确性，针对落后的地区施以符合地方实际的政策。到未来基本公共服务均等化体系建成时期，扶贫开发应当放弃区域瞄准进而转向空间中性的思路，更多地借助集聚经济的益处带动脱贫。

另外，本书介绍了湖北省巴东县的产业扶贫案例，总结了湖北省巴东县的产业扶贫情况，对"农户 + 合作社"的茶叶产业扶贫框架进行了深入研究。在进行扶贫模式的经济、社会、生态效益评估后，提出采茶用工、专业合作社资金到位情况、干茶市场价格走向三方面的思考。通过实地走访调研，从帮扶对象和政府扶贫工作人员两个视角总结出巴东县产业扶贫的现状与问题，最后提出茶叶产业扶贫建设"六大工程"建议。

基于理论辨析和经验证据，本书最后回归到对政策改革的具体探讨。首先总结了中国扶贫开发数十年的主要经验，一是发挥生产力释放的减贫效应，二是构建相对完善的扶贫政策体系，三是对贫困地区与人口的持续大规模资金和政策支持，四是建立从区域到个体的扶贫瞄准制度。尽管中国已经实现了全面脱贫，进入了实施乡村振兴战略的新时期，但针对相对贫困的帮扶政策是实现共同富裕的必要条件，仍然不能缺位。对此，本书提出了构建防止返贫的激励机制，巩固脱贫攻坚成果；改善帮扶对象的识别制度，提高瞄准的精准性和全面性；整合协调各部门减贫举措，建立城乡统一的综合性扶贫政策体系以及加强贫困数据收集和扶贫政策评估研究，加强政策制定的科学依据的改革建议。最后是研究的结论和对未来研究的展望。

目　录

第1章 绪 论

消除贫困是人类发展的最终目标之一，也是实现共同富裕的必要条件。改革开放以来，中国实施了一系列缓解贫困的政策措施，扶贫事业已经取得了举世瞩目的伟大成就，到 2020 年已实现全面小康。科学评估扶贫开发政策的脱贫效果是引导政策改革，促进未来的乡村振兴战略更好实施的必要条件。同时，扶贫开发也是区域经济学和发展经济学等诸多领域的重要议题，中国的这种持续时间长、覆盖范围广、涉及人口多的扶贫开发进程为研究扶贫问题提供了良好的试验背景，应当妥善利用这种条件，为扶贫政策的理论和实证研究做出贡献。

1.1 研究意义

1.1.1 理论意义

中华人民共和国成立以来，贫困状况整体上呈现不断缓解的趋势。扶贫政策体系经历了从无到有、从零散到系统、从间接到直接，从局部到全局，从大水漫灌到精准扶贫的演化，在扶贫政策和经济发展的双重推动下，中国的贫困状况有了显著改善，贫困人口由 1978 年的 2.5 亿人[①]减少到 2015 年的 5575 万人[②]，贫困发生率由 26.0% 降低到 5.7%。2020 年已实现全面脱贫。

但纵观现有文献发现，中国扶贫开发政策的减贫成效还未得到科学、系统和全面的评估。本书认为，这种局限的主要原因在于过去政策评估领域的方法和工具并不完善，同时扶贫开发政策实施的周期较短，考察扶贫开发长期影响的条件并不具备。

---

① 按 1978 年年人均收入 100 元的绝对贫困线计。
② 按 2011 年调整的年人均收入 2300 元（2010 年不变价）的农村贫困标准计。

而当下以随机控制试验法为代表的政策评估手段可以有效消除政策目标选择的内生性,且应用已经相对成熟。同时中国有组织、有计划、大规模的扶贫开发政策自 1986 年开始实施至今已经超过 30 年,短期和长期的政策评估有了时间基础。

因此在这个重要的时间节点上,本书试图从理论和经验角度对中国的扶贫开发政策的有效性进行评价,补充扶贫开发对贫困的长短期影响等政策评价相关领域的文献,并进一步从社会资本的角度考察影响扶贫效果的原因,在此基础上提出改善扶贫开发效果的政策建议。

1.1.2 政策意义

中共十八大以来,党和国家领导人对扶贫开发工作给予了空前重视。习近平总书记多次到贫困地区调研,同时于 2014 年设立了国家首个"扶贫日"。2015 年 10 月 16 日,习近平总书记出席"2015 减贫与发展高层论坛"时指出,未来 5 年,中国将使现有标准下 7000 多万贫困人口全部脱贫,这是中国落实2015 年后发展议程的重要一步。另外,在 2020 年全面实现小康社会之后,中国的贫困将呈现出新特点,相应的扶贫战略和政策必然要做出新的调整。

本书在扶贫政策效应评价的基础上,厘清扶贫开发资源分配的微观机制和政策生效在现实实践中遇到的障碍,提出面向 2020 年之后的政策改革建议。

1.2 研究对象设计

狭义上讲,中国的扶贫开发政策指的是 1986 年以来中央政府专门针对缓解农村贫困实施的一系列相关政策,主要以《国家八七扶贫攻坚计划(1994—2000 年)》《中国农村扶贫开发纲要(2001—2010 年)》《中国农村扶贫开发纲要(2011—2020 年)》三个重要文件为指导。广义上而言,所有有助于消除贫困、促进地区发展的政策都可以归于扶贫开发政策的概念。囿于数据限制,本书进行政策评价时主要关注的是 20 世纪 90 年代以来狭义的扶贫开发政策,但对中华人民共和国成立以来的广义扶贫政策也进行了规范性的讨论。

以户籍属性为分割的城乡二元结构是中国经济社会的显著特征,过去三十年扶贫开发政策的实施也根据贫困户籍属性而异,以往的扶贫开发政策的对象是农村贫困人口,城市扶贫体系并未有效建立,因此本书集中关注农村扶贫开发政策。

成效评估是指对特定政策干预对实施对象的影响评价,目的是比较干预没有实施与现实中政策实施后相关变量的变化,因此需要进行"反事实"分析以获得政策干预的因果效应。由于政策影响的结果存在于方方面面,但经济影响是最直接的,同时也是区域经济学研究的主要对象,因此本书评价的直接目标是扶贫开发政策的经济效果,即与假设没有实施扶贫开发政策相比,现实中扶贫开发政策实施对减贫的影响。

政策改革是指对现有的不适宜当前扶贫开发形势的扶贫机制和相关政策进行调整,以达到改善政策效果的目的。由于中国 2020 年之前的扶贫目标和战略已经相对成熟,因此本书将面向 2020 年之后的状况,基于扶贫开发政策体系现有经验和社会经济发展的背景变化,提出改善针对相对贫困的扶贫开发和乡村振兴战略成效的改革建议。

1.3 研究方法

1.3.1 理论构建

第一,本书的理论模型建立在区域经济学、发展经济学与实验经济学相关理论的基础之上。考虑到所研究的问题,本书在理论建模时将区县是否被列入国贫县名单从而获得一系列扶贫开发政策支持作为外生冲击,控制其他经济、社会和地理等变量,研究其对农民收入的长短期影响。

第二,本书从发展政策的空间属性维度,对以扶贫开发政策为代表的中国区域开发政策进行了辨析,并指出以空间为出发点构建本地化扶贫开发政策的方向。

第三,研究在新形势下,尤其是贫困地区人口流动加快以及城镇化推进的背景,以"民工潮"为代表的人口流动和农村社区化为代表的城镇化两类外生冲击对政策有效性的影响,本书建立了扶贫开发政策的作用机制理论框架,在此框架下讨论经济社会背景发生变化时的政策应对。

1.3.2 实证研究

第一,本书的实证部分将结合微观数据和宏观统计数据,分别基于中国综合社会调查入户调查和县域面板数据对中国的贫困状况和扶贫政策效果进行研究。

第二，除了采用经典的统计和计量方法外，本书以历次贫困县的调整为基础，引入以准自然实验为基础的政策评估方法，利用倾向得分匹配—双重差分法和合成控制法等能够有效消除内生性的估计策略对政策效应进行评价。

第三，本书从社会资本的角度切入，基于农户调查数据，利用微观计量方法考察社会资本对扶贫开发效果的影响和机制。

第四，本书利用案例研究方法比较了全世界不同地区的区域发展报告或规划，归纳厘清了区域开发政策的空间属性，为扶贫开发政策改革提供了空间维度的依据。

1.4 研究完成的知识创新

第一，本书利用对全国情况具有代表性的微观入户调查数据，结合消除可能导致估计偏差的多种方法，估算了 2002~2012 年中国的贫困状况，同时根据城乡、地区和是否为国贫县对贫困状况进行了空间异质性分析，而且进一步对这种异质性的原因进行了探究。本书的研究方法克服了已有研究的多处不足，补充了贫困水平估计领域的文献。

第二，本书基于各省年鉴搜集了 1990~2010 年河北、内蒙古、江西、贵州和甘肃五省份的区县数据，利用国贫县名单调整这一准自然实验，结合倾向得分值匹配双重差分和合成控制法等随机对照试验方法，考察了扶贫开发政策的因果效应，对过去扶贫政策的成效进行了长短期的评估。相对于已有研究，本书的研究时间窗口较长，同时利用了较为精细的县域数据，补充了基于地区类政策，或者更具体的扶贫政策成效评估领域的文献。

第三，本书基于 CGSS 的微观调查数据，利用扶贫开发政策瞄准国贫县以及相关资源的分配特点，实证研究了社会资本在扶贫开发资源分配过程中的作用，从精英俘获的角度解释了扶贫开发政策效率不尽如人意的原因。以往研究少有从实证角度深入探讨社会资本对综合扶贫开发资源分配的影响，尤其是具体机制分析，本书的研究补充了这一领域的文献。

第四，本书从空间的角度对区域开发政策的制定思路和概念等进行了梳理和辨析，并具体到扶贫开发政策分析了不同干预手段的空间属性，提出了扶贫开发政策在空间维度上的改革顺序。将发展理论的空间维度与扶贫开发政策结合的探讨在已有研究中并不多见，本书在此领域有所补充。

第五，本书梳理了建党以来扶贫相关政策的演变及其效果，总结了当前扶贫开发政策的问题，并结合城镇化、信息化等经济社会的演变，提出了面向2020年之后的政策改革建议。

1.5 研究路线图

本书的研究路线如图1-1所示。

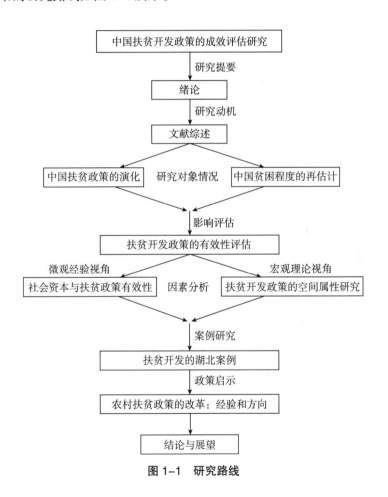

图1-1 研究路线

第 2 章　文献综述

扶贫一直是经济学界的重要议题，大量研究从不同维度对贫困和扶贫问题进行了深入研究。贫困研究涉及的话题十分庞杂，本章从中国贫困研究的数据选择、贫困程度估算、政策影响的评估方法、扶贫政策的有效性和中国扶贫政策改革等视角对相关文献进行了总结和评述，为本书的后续探讨奠定基础。

2.1　中国贫困研究的数据来源综述

合适的数据是进行实证研究最基本的要素。相对于很多其他领域，研究中国贫困问题能够公开获取利用的高质量数据并不多，据笔者搜集整理已有文献使用的数据集可以分为微观和宏观两种类型。

一方面是包含个人或家庭收入和其他人口特征信息的微观调查数据。其中一个专门监测中国农村贫困状况的数据集是农村固定观察点数据。全国农村固定观察点调查系统是中国最权威的农村贫困检测系统，其于 1984 年设立，并于1986 年正式建立并运行至今。目前系统检测对象包括 23000 户农户以及 360 个行政村，样本分布在 31 个省份。数据包括住户纯收入、劳动力受教育水平、年龄以及耕地面积等反映了全国各地农户生产生活活动的指标（程名望等，2014；程名望等，2016），但遗憾的是，此数据目前难以通过公开渠道获取。相对而言，"中国营养与健康调查"（杜凤莲和孙婧芳，2011；曾国彪和姜凌，2014）、"中国综合社会调查"（张莹和万广华，2006；宋扬和赵君，2015）、"中国住户收入调查"（夏庆杰等，2007、2010）、"中国家庭金融调查"（Zhang et al., 2014）以及 "中国家庭动态追踪调查"（解垩，2015；许庆等，2016）等各学术机构组织搜集的数据使用更为广泛。另外，还有国家统计局组织的农村住户调查的微观数据，帕克和王（Park and Wang, 2010）利用 2001 年和 2004 年两年的面板数据研究了以贫困村为瞄准对象的 2001~2004 年扶贫开发的政策效果。一些研究者通过自主调研获取贫困数据，例如刘朝明和张衔（1999）选取了四川省阿坝、甘孜和凉山三个自治州作为研究对象，杨国涛等（2010）使用了宁夏 8 个国家扶贫工作重点县的 72 个村 720 个农户调查数据。高梦滔和姚洋（2005）利用了北京大学中国经济研究中心与农业部合作的调查数据与农业部固定观察点已有的家庭数据合并而得的数据集。

另一方面是宏观统计数据，其中一个数据来源是我国农业农村部收集的 1981~1995 年县级数据，其最大的优势在于包括人均收入的指标；帕克等（Park et al.，2002）研究国贫县的认定因素和孟（Meng，2014）使用断点回归方法评估"八七"扶贫攻坚计划的效果都利用了此数据。另外，刘冬梅（2001）利用了"国务院扶贫办 592 个贫困县调查数据（1990–1997）"分析了中国政府开发式扶贫资金的投放效果，其数据为农民人均纯收入等指标，但更具体的信息无法从公开来源获得。这些数据的共同点为都是通过扶贫开发的领导机构搜集的，而且包含人均纯收入等研究贫困问题的关键变量，但据笔者所知，这些数据并未公开出版，因此一般的研究者无法使用它们进行扶贫研究。这也是本书并未使用这些数据的关键原因。当然，公开出版的统计年鉴是获取扶贫相关数据的另一重要来源，而覆盖全国层面的《中国农村贫困检测报告》（2000–2011）、《中国县域统计年鉴》（2000–2015）、《中国县域经济》（1996）、《中国分县农村经济统计概要》（1980–1991）、《全国地市县财政统计资料》（1993–2001）、《中国农业发展银行统计年鉴》（1996–2005）、《中国农村统计年鉴》（1985–2015）等统计年鉴都包含具体到县市的宏观经济社会统计数据，可以从宏观角度研究扶贫问题（毛捷等，2012；张彬斌，2013），但这些相对系统的数据其最大问题是往往没有连续统计农民收入这一关键变量。各省份的统计年鉴多数包括此变量，王艺明和刘志红（2016）就利用了贵州、甘肃、内蒙古和河北四省份的年鉴研究了"八七扶贫攻坚计划"的政策效果。但这里的问题是很多省份未连续报告县级的农民收入，且不同年份和省份之间的数据可比性并不明确。

可见，研究中国贫困的数据质量有待改善。由于中国的扶贫开发政策在大多数时期以县为空间单元，因此本书进行政策评价时主要利用了从相关年鉴整理而得的县域数据，为了避免不同年鉴数据的不可比性问题，本书选取的河北、内蒙古、江西、贵州和甘肃这五个省份出版了改革开放三十年汇总年鉴且对全国情况代表性相对较强的省份作为样本。而在进行贫困程度研判和政策机制的分析时，本书利用了微观入户调查数据以获得所需的个体信息。如此宏微观数据的结合使用有利于更全面地评估政策效果和厘清作用机制。

2.2 中国贫困程度的估算研究综述

了解贫困程度是研究贫困首先要解决的问题，自然涉及对贫困程度的估算。

已有文献一方面从动态角度研究了中国贫困的演进，例如孟等（Meng et al.，2005）和夏庆杰等（2007）利用中国家庭收入调查（CHIP）数据分别估算了中国 1986~2000 年和 1998~2002 年的城镇贫困人口情况，其中前者根据消费篮子和食品价格对各年各省份的城镇地区贫困线进行了调整，而后者则使用了区域一致的贫困线。王朝明和姚毅（2010）以及刘轶芳和罗文博（2013）利用了中国营养与健康调查（CHNS）数据，前者研究了 1990~2005 年城镇和农村贫困的动态研究，而后者对 1989~2009 年的农村贫困进行了估算和分解。而林伯强（2003）、姚等（Yao et al.，2004）、胡兵等（2007）、万广华和张茵（2008）以及陈立中（2009）等利用总量或收入分组数据对相应年份的贫困程度进行了计算和分析。

另外，一些研究利用特定年份的截面数据测算了中国的贫困状况。张等（Zhang et al.，2014）在估算中国贫困率时利用了 CHIP、CGSS、CFPS 和 CHNS 四个主流微观调研数据库，同时估算了城乡和不同省份的合意贫困线，但没有进行等值规模调整，他们发现，利用国家统计局 CHIP 数据估算的贫困率远远低于其他数据库估算的贫困率，以世界银行 1.25 美元 / 日的收入标准计算，利用 CGSS 计算的中国 2009 年贫困率为 16.59%。宋扬和赵君（2015）利用 CGSS 2010 年的数据测度了等值规模调整后的中国贫困率，发现考虑家庭资源共享后，中国的贫困率大大降低，与张等（2014）相同标准计算的贫困率约为 2.76%，但他们的研究只针对了 2009 年，同时没有考虑城乡以及地区之间物价水平造成的合理贫困线的差异。

以上研究从使用不同数据从不同角度对中国的贫困状况进行了解读，但存在一些不足。一是多数研究使用了个体收支或算术平均的家庭人均收支来计算贫困率，没有考虑个体作为家庭成员的经济效应，即家庭的规模经济可能使得维持同样生活水准的人均花费更少，如此可能高估贫困程度。二是研究绝对贫困的文献对城乡和区域间的物价差别考虑不足，使用城乡或区域一致甚至全国统一的贫困线并不能真实反映贫困标准，例如在北京市区维持最低生活水平的花费必然高于甘肃农村的花费；使用全国统一的贫困线时，如果大多数人口生活在物价较高的城市地区，则可能低估贫困，反之则高估。三是一些研究利用的调查数据的代表性不强，例如 CHIP 数据覆盖了 16 个省份，而 CHNS 数据只覆盖了 9 个省份，因此可能存在测量偏误。四是已有文献多数关注的是 20 世纪 90 年代以及 21 世纪初的中国贫困情况，对之后的情况研究较少，而在 2005 年以来，农业税减免以及农村和城镇最低生活保障制度的逐渐铺开，必然对中国贫困情况产生很大影响，因此摸清 21 世纪以来中国的贫困演进意义重大。最后，作为扶贫开发政策执行最重要的空间单元，贫困县的贫困是否缓解是评判中国扶贫开发政策的重要维度，但已有研究多数从城乡、区域和个体特征等角度对贫困进行了分解，针对贫困县和非贫困县的异质性研究并无先例。

针对以上问题，本书将利用 CGSS 2003~2013 年的微观入户调查数据，克服区域物价差异和家庭规模经济的干扰，对进入 21 世纪以来中国的贫困程度进行估算，同时深入研究中国城乡、不同板块以及国家扶贫开发工作重点县和非重点县间的异质性并探讨其背后的原因。

2.3　政策效果评估方法综述

政策效果评价属于经验研究范畴，需要回答如果政策未实施的"反事实"情况与政策实施情况下结果变量变化的问题，其方法主要分为宏观和微观两个层面，宏观方法主要以成本收益分析为主要思想，而微观上则是利用计量手段识别因果效应。由于宏观方法往往缺乏微观机制的分析，通常对因果的方向难以识别，因此本书主要考虑微观的政策效果评估手段。进一步地，因果推断是政策评估类的经验研究文献要解决的最重要问题，也即识别经济发展的后果是来自政策效果还是其他因素。因此这里主要关注能够有效识别因果效应的计量手段。

鲍姆斯诺和费雷拉（Baum-Snow and Ferreira，2014）比较了 1990 年和 2010 年《城市经济学期刊》（JUE）发表的文章发现，城市和区域经济学的研究领域在最近十年的经验导向性越来越强。在 1990 年，JUE 上 49% 的文章是经验研究，2010 年这个比重已经增至 71%。而且常用的经验研究方法已经发生了变化。1990 年多数经验文章只是用了横截面回归，但是 2010 年的文章更可能使用工具变量、面板数据和非线性模型。同时，现在受到格外关注的是能够有效处理标准的遗漏变量偏差问题的研究设计的使用。1990 年时只有屈指可数的几篇文章试图解决这些问题，到 2010 年，一半以上的经验研究至少使用了一种比简单

OLS 复杂的研究设计，例如双重差分、匹配和工具变量，来解决内生参数问题。

随机控制试验是识别处理效应的重要工具（Duflo et al.，2008），尤其是政策评估相关的问题。目前学术界较为常用的方法包括工具变量法（instrumental variable，IV）、断点回归（discontinuity regression，RD）、双重差分（difference in differences，DID）、倾向得分匹配法（propensity score matching，PSM）以及合成控制法（synthetic control，SC）等手段。

IV 方法通过寻找工具变量排除自变量中的内生性。工具变量需要满足两个条件：一是要与内生变量密切相关；二是除了通过内生变量外无法通过其他渠道影响结果，或者换句话说，与误差项不相关。IV 回归一般通过两阶段回归实现，第一阶段需要用内生变量对工具变量外生变量进行回归并获得内生变量的拟合值，此时的拟合值已经排除了与误差项的相关性；第二阶段将结果变量对第一阶段的拟合值进行回归，从而排除内生变量的影响。但在实际操作中，满足假设条件的理想工具变量往往难以获得，这是 IV 方法使用的最大局限。

RD 方法是一种准随机试验方法，在随机试验不可得的情形下，它能有效避免参数回归的内生性问题，更加准确地反映变量之间真实的因果关系。一方面，RD 方法的假设相对宽松；另一方面，与传统的自然实验方法相比，基于断点回归得出的因果关系推论更加有效（Lee and Lemmeux，2010）。其要求存在一个变量，如果该变量大于一个临界值时，个体接受处理，而在该变量小于临界值时，个体不接受处理。一般而言，个体在接受处理的情况下，无法观测到其没有接受处理的情况，而在断点回归中，在临界值以下附近的样本可以组成很好的控制组，尤其是在变量连续的情况下，临界值附近样本的差别可以很好地反映处理和经济变量之间的因果联系。当然，RD 方法还要求政策变量之外的变量在断点附近是连续的，以排除其他变量的影响。进一步地，RD 分析可分为精确断点回归（Sharp Discontinuity Regression，SRD）和模糊断点回归（Fuzzy Discontinuity Regression，FRD）。精确断点回归需要满足一个特殊条件，即在处理变量的断点之处，个体从未受处理跳跃为受到处理。模糊断点回归的特征是在断点处，个体受处理的概率发生显著变化。哈恩等（Hahn et al.，2001）证明了在一定的假设下，无论是哪一类型的断点回归，都可以利用临界值附近样本的系统性变化来研究处理和其他经济变量之间的因果关系。

DID 方法的原理是对处理组（即受到政策影响的样本）和控制组（即未受政策影响的样本）样本的结果变量进行两次差分，一次是组内对政策实施前后的差分，可以得到政策和随时间变化的变量共同作用的效果，另一次是组间的差分，可以排除两组共同随时间变化变量和时间固定效应的影响，从而获得单独的政策因果效应。但双重差分要求满足共同趋势的假设条件，即两组的结果变量在处理之前的变化趋势是一致的，否则两次差分并不能有效排除组间随时间变化的非共同变量的影响，从而导致因果效应估计的内生性偏误。以此为基础，还衍生出了三重差分（DDD）方法，即处理组和控制组中有进一步的系统性变异，从而需要通过第三次差分排除这种影响。

PSM 方法则是一种不需要假设变量线性关系的非参数方法，主要针对的是样本的自选择性偏误，即政策实施并不是完全随机，对象与对照组可能存在某些特征的显著差异导致的内生性。PSM 方法要求首先估算出每个样本的倾向得分（即用于计算得分的匹配变量给定的情况下，样本受到处理的概率），然后根据这个概率寻找最接近的处理组控制组对进行匹配，将匹配后的控制组作为处理组的反事实情况，政策的因果效应即匹配对在共同支撑域的结果变量差的均值。PSM 要求满足两个假设条件：独立分布和共同支撑。前者指给定相关控制变量后结果变量是独立的，即要求影响受干预概率的变量都是可见并可控的。第二个假设则要求控制匹配变量后，仍然有足够多的处理组样本能够找到控制组中相匹配的样本。

DID 和 PSM 的特点使其可以结合使用，以避免两种方法单独使用的缺陷。DID 在实践过程中可能遇到的主要问题是处理无法满足随机性的条件以及对回归形式的强假定，而 PSM 估计方法也有其不足之处，即条件独立假设假定实验行为结果取决于一些可观察到的协变量，而在实际应用过程中影响政策的因素可能很多甚至无法测度，难以对其进行全面的考虑和处理。为了解决此问题，赫克曼（Heckman，1998）提出了倾向评分匹配与双重差分方法相结合的 PSM–DID（或 DID–PSM）方法，将两种方法取长补短，一方面强化了随机化处理的分布，另一方面进一步控制不随时间变化的或不可观测变量影响。

合成控制法（Abadie et al.，2010）代表了随机试验方法中较新的进展。合成控制法的原理是充分考虑到处理组的特殊性，通过最优化方法将其他个体进行加权平均来构造一个"反事实"的控制组，使这个控制组与处理组除政策干预的差别外其他特征尽量接近，这样与实际的处理组进行比较，便可以获得政策的因果效应。

具体到本书的效应评价中，由于有效的工具变量难以获得，同时实践中确认国贫县名单的程序相对模糊，且指标的可靠性不详，不能满足 RDD 方法的假设，因此 IV 和 RDD 方法并不适合本书的研究。同时，由于国贫县的选择并非随机，无法满足 DID 方法的应用假设，因此本书主要利用 PSMDID 方法进行效应评价。同时由于非国贫县样本的数量足够多，使本研究可以利用合成控制法提供可视化的结果进行政策的因果效应检验。

2.4　扶贫开发有效性的实证研究综述

研究某项政策对发展的影响评估是经济学领域的经典主题（Khandker et al.，2010），本研究关注的"基于地区"的区域开发政策在世界各地都有大量案例，其有效性评价也获得了持久的关注（Ravallion，2007；Glaeser and Gottlieb，2008；Neumark and Simpson，2014）。

田纳西流域管理局（TVA）计划、阿巴拉契亚区域委员会（ARC）计划和授权特区（EZ）计划是美国三个规模空前的区域开发计划。克莱恩和莫雷蒂（Kline and Moretti，2014）评估了 TVA 实施 100 年的成效，他们认为 TVA 能够通过基础设施改善和集聚经济影响经济发展，其中前者的效果尤其明显，但后者的收益却可能被其他地区的损失抵消。伊瑟曼和雷普汉（Isserman and Rephann，1995）研究了 ARC 实施 26 年的影响，他们发现 1969~1991 年，与控制组相比，阿巴拉契亚地区的收入增长快 48%，人口增长快 5%，人均收入增长快 17%，但作者同时谨慎地认为，由于自选择内生性的存在，处理组的高增长并不一定归因于 ARC 的项目。而关于 EZ 计划效果的结论更为复杂。汉森（Hanson，2009）发现，该计划并没有有效改善就业和贫困发生率，但显著提高了房产价值（Krupka and Noonan，2009），雷诺兹和罗林（Reynolds and Rohlin，2015）在研究 EZ 计划的分配效应时发现，低收入者的生活水平并没有得到有效改善，反而让迁移进来的高收入者受益更多。而比索等（Busso et al.，2013）以及比索和克莱恩（Busso and Kline，2006）的结论则相反，他们认为 EZ 计划提高了被扶持地区的就业和工资，而相应的人口和生活成本并没有上升。实际上，纽马克和辛普森（Neumark and Simpson，2014）发现，对世界各国类似政策的研究并没有发现企业特区政策能够影响就业和总体福利的证据，对更细致的政策分配效应研究仍然十分必要。

针对落后地区的发展，欧盟也进行了一系列财政转移支付的基金计划，旨在瞄准欧盟国家中的落后地区，帮助其赶上发展的平均水平，包括最早于 1975 年成立的欧洲区域发展基金（ERDF）以及之后的欧洲社会基金（ESF）和融合基金（CF），其中前两者合称为结构基金项目（SFP），而融合基金是为了支持前者，促进欧盟的一体化发展。贝克尔等（Becker et al.，2012）以及莫尔和哈根（Mohl and Hagen，2010）发现，SFP 确实能够促进受扶持地区的经济增长，但就业影响并不显著，而且资金分配的效率并未达到最优。另外，贝尔尼尼和佩莱格里尼（Bernini and Pellegrini，2011）、克里斯库洛等（Criscuolo et al.，2012）和吉沃尔等（Givord et al.，2013）分别研究了意大利的 448 号法案计划、英国的区域选择扶持（RSA）计划以及法国的企业特区计划对落后地区发展的影响，皆不同程度揭示了这些开发政策对企业要素生产率、就业和工资等方面的促进作用。

具体到中国，三线建设、"三西"[①]农业建设以及 1986 年以来的有组织、有计划、大规模的扶贫开发都是区域开发的典型案例。其中，20 世纪 60、70 年代的三线建设尽管并非政府主动对落后地区进行经济开发，但其作为逆经济发展规律将资源转移到"分散、靠山、隐蔽"地区的大型建设计划[②]，对西南和西北的相对落后地区发展产生了深远的影响。樊和邹（Fan and Zou，2015）发现，当时迁入三线地区的国有部门对之后至少 20 年的当地经济结构转型和发展产生了强烈的溢出效应，同时尽管三线地区的资本边际报酬较高，但从全国层面看，三线建设还是存在潜在的效率损失。"三西"农业建设是中华人民共和国1983 年开始的第一个区域性扶贫开发计划，但已有相关评估文献基本都是 20世纪 90 年代的描述性统计研究（罗其友和张弩，1987；李育良等，1992；沈红，1993），对其整体作用的评估略显不足，这种研究缺失的主要原因在于"三西"农业建设前三年的目标主要为停止生态破坏，从实证角度较难量化其经济影响，而 1986 年开始的扶贫开发与"三西"农业建设重合，从而难以对其经济效果进行准确分离。

相较而言，中国 1986 年之后基于国贫县的扶贫政策受到了更多关注。帕克等（Park et al.，2002）的研究表明，扶贫开发政策使得国贫县农村居民收入在

---

① 三西地区是指甘肃河西地区 19 个县（市、区）、甘肃中部以定西为代表的干旱地区 20 个县（区）和宁夏西海固地区 8 个县，共计 47 个县（市、区），总面积 38 万平方千米。

② 1965~1980 年，三线地区的基本建设投资占全国比重达 39.01%（周明长，2014），远超其他任何时期。

1985~1992 年比非国贫县增长快 2.28%，1992~1995 年增长快 0.91%。刘朝明和张衔（1999）、毛捷等（2012）、孟（Meng，2013）以及王艺明和刘志红（2016）关注了 1994~2000 年中国第一个全国性扶贫计划——"八七扶贫攻坚计划"——的影响，他们的研究都认为，该计划短期显著提高了农民收入，但长期的扶贫效果并不显著。帕克和王（Park and Wang，2010）以及张彬斌（2013）探讨了 2001 年以来新时期扶贫开发的政策效果，前者发现新时期农村扶贫开发的成效并不显著，仅在政策实施第八到第九年才有 3% 左右的增收效应，而后者利用了村级的住户调查数据，发现政策为富裕家庭带来的收益更多，但对贫困户增收效果并不显著。

从另一个角度看，由于数据可得性较理想和其发挥的重要作用，大量研究对中国扶贫资金的绩效进行了评估，发现不同形式的财政扶贫资金的扶贫效果有所不同。蔡昉等（2001）认为，中国政府的开发式扶贫资金使得中国贫困人口大幅度减少，这些资金类型包括扶贫信贷、"以工代赈"以及财政扶贫资金等。刘冬梅（2001）使用 1990~1997 年 592 个国家贫困县的调查数据通过统计分析肯定了政府扶贫资金的扶贫效果。基于新增长理论，陈凡和杨越（2003）利用了 1986~1997 年 235 个国贫县的横截面数据，进行 Kmenta 回归发现，人均财政发展资金、人均信贷资金、人均以工代赈资金等三项资金是减少贫困的重要因素。李佳路（2010）利用倾向得分匹配法研究了某省扶贫项目的绩效，发现扶贫项目能够有效减少贫困。曹洪民等（2003）和朱乾宇（2003）也对扶贫资金的绩效进行了相关分析。总体而言，扶贫资金对减贫的作用较为显著，但财政发展资金、扶贫贴息贷款和"以工代赈"资金等不同类型的扶贫资金效果各异，研究结论并不一致。

总结已有研究，本书发现，已有对发达国家开发政策的研究不仅关注了政策对区域总体发展的短期影响，同时还研究了长期效应，而对中国的扶贫开发效果评价却多数集中在 10 年以内的短期视域中，这无疑忽略了政策能否培育扶持地区内生增长动力的重要问题。因此本书计划不仅关注扶贫开发政策对国贫县的短期增长效应，同时也关注长期视域内扶贫开发对贫困落后地区自身发展能力的影响。

2.5　扶贫开发政策的改革研究综述

大量文献也对中国扶贫开发政策的改革进行了研究。

一方面，有的学者从扶贫的机制体制方面切入。张耀军（1999）提出，要从人才培育角度着手，实施人才扶贫新战略。于洋、戴蓬军（2004）认为，单一维度的扶贫政策无法有效减贫，只有综合性的反贫困政策才能持久有效地降低贫困程度。刘平量（2004）则指出，促进劳动力流动，包括鼓励农民外出务工的相关政策是减轻贫困的快捷途径，尚正永（2004）认为，实行扶贫开发需要与生态环境保护相结合。范小建（2007）指出，解放思想、改革开放、政府主导、社会参与、开发扶贫、自力更生、科学发展这七个方面，既是中国特色社会主义扶贫开发的基本经验，也是构成中国特色社会主义道路的重要组成部分，需要继续发扬。方黎明和张秀兰（2007）从能力扶贫的视角提出需要转移扶贫资金投放的重点，更多地投放到教育和公共卫生设施中，提高农村公共服务的能力；另外，也需要调整农村社会保障事后救助和保障的偏向。李爱民和孙久文（2013）认为，扶贫开发应当综合考虑"区域脱贫"和"群众脱贫"，兼顾区域长远发展和群体基本保障。

另一方面，也有学者从精准扶贫的角度对扶贫开发政策提出改革建议。汪三贵等（2007）认为，当前在精确瞄准状态下应该被确定为贫困村的村有48%没有被准确瞄准，应该加强农村贫困信息系统建设，因地制宜地进行精准扶贫。李小云（2013）认为，新的农村扶贫开发战略缺失瞄准穷人的治理机制，造成政策接受主体模糊，最终可能导致开发主体缺位，各种政策在如何瞄准穷人和扶贫资源如何有效传递到真正的穷人这些问题上一直未能有根本的突破，需要制定更精准的扶贫开发战略。

综合来看，大量研究扶贫政策改革的文献仅仅将视角局限于扶贫开发政策本身，而忽视了同样有助于减少贫困的普惠型农村发展政策。同时，对 2020 年之后的政策改革研究也有待加强。

第 3 章　中国贫困程度的再估计

——基于中国综合社会调查的分析 *

了解中国近些年的贫困程度演进具有十分重要的现实意义。一方面，对中国贫困状况的把握是评价扶贫开发政策的基础；另一方面，只有对过去减贫速度和现有贫困程度进行准确估计的前提下，才能更科学地进行扶贫资源的时间和空间配置，更高效地实现 2020 年全面脱贫的目标。因此，本章对进入 21 世纪以来中国的贫困程度进行估计，分析其静态水平和动态演进趋势，为后续的政策评价奠定基础。

3.1　引言

伴随着改革开放以来我国经济的快速发展，针对落后地区的扶贫开发也成为中国发展的重要议题并取得了伟大的成就。

如图 3-1 所示，根据世界银行的估算，以 1.9 美元 / 日生活费为贫困标准，中国的贫困率从 1990 年到 2013 年降低了近 65 个百分点，贫困人口下降了 7.3 亿多人，而生活在每日 3.1 美元生活费标准以下的人口更是降低了 78 个百分点。但从绝对体量上看，2013 年按照每日生活费 3.1 美元贫困线计算的中国贫困人口仍有 1.5 亿人。

---

　　*　本部分内容发表于《中国人民大学学报》2017 年第 1 期，发表时有删减。

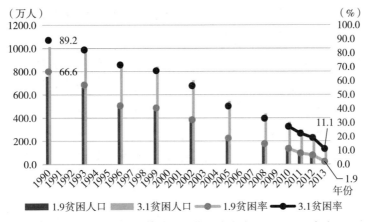

图 3-1 世界银行估算的中国贫困演进（1990~2013 年）

资料来源：笔者根据世界银行数据库数据制作。

对中国这样区域经济社会发展差异明显、贫困人口体量巨大的国家来说，对贫困人口规模和程度的准确把握意义格外重大，但同时也面临着较多困难：第一，估算贫困水平利用的都是家庭生活水平抽样调查数据，但以往大量研究中使用的数据往往未覆盖中国的全部或大部分省区（Zhang et al.，2014），因此其估算的贫困率对于全国贫困程度的推断可信性值得探讨；第二，不同的福利指标（Khandker，2005）、区域的物价水平（Brandt and Holz，2006；Ravallion and Chen，2007；万广华和张茵，2008）和不同家庭的消费结构差异（宋扬和赵君，2015）会显著影响贫困程度的估计，如何选取适合中国现实的估算方法需要进行综合考量；第三，即使技术上不存在对贫困估算造成偏差，由于客观情况或程序缺陷，政府估算的贫困程度也可能存在偏差（Zhang et al.，2014；Chen and Ravallion，2013；Hvistendahl，2013）；第四，在中国扶贫开发政策体制下国贫县与非国贫县的差异性分析意义重大，但多数调研数据并没有公开较为精确的地理信息，因此对不同空间维度的贫困异质性分析不够深入。

针对以上问题，本书利用中国最早的全国性、综合性、连续性学术调查项目——中国综合社会调查（chinese general social survey，CGSS）2003~2013 年的数据，基于国际机构、已有文献和国家统计局设定的不同水平贫困线，消除不同区域间的物价水平及不同规模和结构家庭的消费偏好差异，对进入 21 世纪以来中国城乡、四大板块以及国贫县和非国贫县的贫困规模、强度及其演进趋势进行了估算和异质性分析，并研究了贫困的异质性演进与低收入人群收入

差距、最低生活保障制度、经济增长以及扶贫开发投入的关系，试图对中国
2002~2012 年的贫困程度进行更准确和全面的研究。

本书可能的贡献有以下四点：首先，本书考虑家庭规模经济的影响，利用
与中国经济发展水平相符合的牛津等值规模方法对人均收支指标进行调整；其
次，本书排除了城乡和区域的物价差异，利用居民生活消费领域的购买力平价
指数、省级空间价格指数、城乡农村消费价格指数以及城乡生活成本比值等指
标对不同国际机构和国家统计局设定的最新贫困线进行调整，获得了针对各省
城镇和农村地区的多条不同水平的贫困线；再次，本书利用 2003~2013 年覆盖
了 31 个省份的 CGSS 调查数据，研究了 2002~2012 年中国城乡和区域贫困的动
态演进，相对准确全面地考察了 21 世纪以来中国的贫困状况；最后，得益于
CGSS 数据中的地理信息，本书能够将微观与宏观信息结合，从城乡、四大板块
以及是否受到扶贫开发政策影响等不同角度研究贫困特征的异质性，并初步探
讨了异质性背后的主要因素。

本书之后安排如下：第二部分介绍了本书的数据来源，第三部分探讨了本
书估计贫困程度使用的方法，第四部分分析了本书研究方法对以往研究的改进，
第五部分是对估计结果的分析和探讨，第六部分是总结。

3.2 数据来源

CGSS 始于 2003 年，本书写作时，公开的最新数据为反映 2012 年情况的
2013 年调研数据，其系统、全面地收集了社会、社区、家庭、个人多个层次
的社会经济数据。本书选用此数据的重要原因是在众多生活水平相关的微观
调查数据中，CGSS 的抽样覆盖面最广，有利于完整地估计中国的贫困情况。
2003~2006 年的 CGSS 调查覆盖了全国除宁夏，青海，西藏和中国香港、澳门、
台湾地区外的 28 个省份，共计抽取 500 个街道数与乡镇，1000 个居委会与村
委会，应答率都超过 60%。2008 年数据覆盖了除海南，青海，西藏和中国香港、
澳门、台湾地区外的 28 个省份，抽取 100 个区县，300 个街道数与乡镇，600
个居委会与村委会，6000 名个人，应答率约为 60%。2010~2012 年的数据覆盖
了除中国香港、澳门、台湾地区外的 31 个省份，抽取了 480 个村 / 居委会，应
答率皆超过 70%。历年的样本情况具体如表 3-1 所示。

表 3-1　　　　　　　　　　CGSS 历年数据样本情况

数据年份	调查年份	样本数量（个）	应答率（%）	区县数量	覆盖省级行政区数量	样本数量（个）				
						平均各省	农村	东部	中部	西部
2002	2003	5894	75.3	103	28	211	573	2712	1520	1062
2004	2005	10372	62.1	125	28	370	4274	4224	3078	2152
2005	2006	10151	60.4	125	28	363	4138	4132	2998	2095
2007	2008	6000	59.7	100	28	214	2018	2100	2040	1140
2009	2010	11783	74.32	136	31	380	4561	4351	3375	2552
2010	2011	5620	72.56	69	26	201	2391	1823	1831	1059
2011	2012	11765	71.5	—	29	420	4688	4337	3408	2511
2012	2013	11438	72.17	127	28	409	4484	4161	3356	2411

注：本表为笔者根据 CGSS 原始数据整理，其中 2011 年数据没有区县信息。2002 年农村样本数量指被采访者为农村户口的样本数，其余皆为被采访者居住在农村地区的样本数。东部、中部、西部和东北的区域划分参照《中共中央关于制定国民经济和社会发展第十一个五年规划的建议》。

本书选取了 2003 年、2005 年、2006 年、2008 年、2010 年、2011 年、2012年和 2013 年 8 年的 CGSS 微观调查数据估算了全国以及各省、区、市的总体和城乡贫困指标，其中 2005~2011 年的数据包含具体至区县的地理信息，居住在国贫县的家庭占总样本数的 11%。本书利用这五年数据进一步估算了县级的贫困率水平，并进一步研究了国贫县的贫困特征。另外，由于 2003 年的调查中没有区分居住地址为农村还是城市，因此本书没有计算针对 2002 年的各省、区、市城乡贫困率，只在全国层面根据户口属性计算了城乡贫困率和各省总体贫困率，其余年份皆计算了全国的城乡和四大板块贫困率。

3.3　估计方法

研究贫困的首要问题是个体贫困程度的度量，需要明确反映生活水平的指标、计算该指标的个体水平、确定贫困线以及选择度量贫困方法至少四个数据。

3.3.1 选择反映生活水平的指标

反映贫困的指标包括地区婴儿死亡率、日均消耗卡路里数、预期寿命、食品支出份额、住房条件以及子女教育等非货币指标以及家庭消费支出和收入两个货币指标，其中家庭收支指标最为常用（Khandker，2005），如表 3-2 所示，两种指标也各有利弊。

表 3-2 收入法和支出法度量贫困的比较

方法	优点	缺点
收入法	可以给定收入来源，易于计算	可能被低估
	可以度量家庭对资源的控制力	易受短期波动影响（例如农业的季节性）
	调研成本仅为同类支出度量法的 1/5，或者可以同样成本的情况下扩充样本量	某些收入难以观测（例如非正式部门的收入，家庭农业生产和自我雇佣收入）
		收入和福利之间的关系不明确
支出法	表明了目前的生活水平	家庭可能无法平滑消费（例如通过借贷和社会网络的消费）
	排除了异常扰动，因此可以反映长期的平均生活水平	家庭的消费决策可能有误导性（例如富裕家庭可能选择清贫的生活）
	由于支出易于回忆，因此不易被低估	一些支出并非经常发生，因此数据可能有噪声
		难以度量某些消费，包括耐用品

资料来源：汉得克（Khandker，2005）。

而 CGSS 调查数据中包括了家庭收入指标，但只有 10 年之前的调查报告了支出指标，且口径不同，同时考虑到中国较高的储蓄率以及农村地区存在的大量"人情消费"可能导致支出反映生活水平误差较大，因此本书主要选择使用个体的平均家庭收入作为福利指标。另外，本书的数据中还包括反映个体收入的问题，"您个人去年全年的职业收入是多少"和"您个人去年全年的职业外收入是多少"等，但由于个人的生活水平受家庭影响，个体收入无法反映真正的贫困程度，因此本书仅作为敏感性分析的指标考虑。

3.3.2 度量个体贫困

已有的大量文献在测度贫困时未考虑家庭规模经济和成员构成的影响，亦即没有考虑个体作为家庭的一员，其他家庭成员在收入和支出共享中的节约，但实际上个体的工作决策受家庭成员的影响十分显著（都阳，2001），同时水电费和房租等日常支出往往由家庭成员分摊，存在家庭规模经济，而不同年龄个体的收入情况和对支出的要求也差异明显，因此个体的贫困程度与家庭情况密切相关。以表 3-3 所示美国的贫困门槛（即贫困线）为例，其以家庭年收入为标准测算，2015 年单人家庭的贫困门槛为 12085 美元，其中如果此人 65 岁以上则门槛为 11367 美元，65 岁以下为 12331 美元，可见老年人的贫困门槛更低；而三人家庭贫困门槛是 18872 美元，人均贫困门槛仅为 6291 美元，人均贫困门槛随着家庭规模的提高而降低。可见，考虑家庭规模和构成会显著影响个体贫困的度量，如果不考虑家庭的规模经济，贫困程度往往会被高估（De Ree et al.，2013）。

表 3-3　2015 年美国贫困门槛

家庭人数	年龄是否达到 65 岁	家庭贫困门槛（美元）	人均贫困门槛（美元）
1	否	12331	12331
1	是	11367	11367
2	否	15953	7977
2	是	14343	7172
3	—	18872	6291
4	—	24259	6065
5	—	28729	5746
6	—	32512	5419
7	—	36971	5282
8	—	41017	5127
9 及以上	—	49079	—

注：单位为当年美元，引自美国普查局网站，http://www.census.gov/topics/income-poverty/poverty.html.

因此，在度量个体贫困时有必要考虑共享收支成员的数量和年龄构成，本书利用国际通用的等值规模对家庭收入或支出进行调整。

等值规模的原理是基于不同情况的家庭达到相同的福利条件成本不同，利用家庭规模和年龄结构的信息将家庭成员数量调整为等值个体数量 AE，调整后的人均收支即为家庭总收支与 AE 之商。例如一个家庭有 N_{adults} 个成年人和 $N_{children}$ 个儿童，则等值规模调整按照（3-1）式进行。

$$AE=1+\alpha\left(N_{adults}-1\right)+\beta N_{children} \tag{3-1}$$

式（3-1）中，α 和 β 分别为每多一个成人和儿童①需要增加的收支系数。目前最常用的等值规模标准提出时间由老及新分别为牛津规模（或 OECD 等值规模）和 OECD 调整规模，二者的 α 和 β 分别为 0.7、0.5 和 0.5、0.3。另外一种常用的方法是平方根规模，等值个体数量为家庭成员数量的平方根。这三种最常用方法的比较如表 3-4 所示。

表 3-4 等值规模调整比较

家庭构成		等值规模				
成人数量	儿童数量	人均收入	OECD 等值规模	OECD 调整规模	平方根规模	家庭收入
1	0	1	1	1	1	1
2	0	2	1.7	1.5	1.4	1
2	1	3	2.2	1.8	1.7	1
2	2	4	2.7	2.1	2	1
2	3	5	3.2	2.4	2.2	1
提出时间		—	1982	1994	2008	—
弹性		1	0.73	0.53	0.5	0

注：弹性可以理解为平均意义上在保持当前福利的情况下，每多一个家庭成员需要的收入，取值在 0 和 1 之间。其中弹性为 1 表明人均收入为 1 作为贫困标准，不需要进行等值规模调整，弹性为零的情况是将家庭消费为 1 看作固定的标准。

资料来源：OECD 网站，http://www.oecd.org/.

这三种方法中前两种考虑了儿童与成年人的差异，而第三种将所有家庭成员等同看待。通过比较三种方法使用的时间和弹性可以发现，随着时间的推移，等值规模的弹性越来越小，也就是随着经济发展水平的提高，家庭的规模经济会越来越强，这可能与家庭耐用品等使用强度的提高有关。鉴于这三种方法是针对 OECD 国家提出的，因此在应用时需要考虑其对中国的适用性。通过比较以购买力平价（PPP）计算的不变价格的人均 GDP，本书发现，以不变美

①　指 14 岁以下的家庭成员。

元计算的经过 2011 年 PPP 调整的中国 2012 年人均 GDP 为 12374.7 美元，1970 年 OECD 国家相应水平为 17067.49 美元，前者仅为后者的 73.5%[1]，因此为了保证方法的适用性，与格瑞夫迈耶等（Gravemeyer et al.，2010）以及宋扬和赵君（2015）不同，本书主要利用 20 世纪 80 年代 OECD 使用的牛津规模进行等值规模调整。

进行等值规模调整首先需要计算家庭人口数量和构成。本书考虑到同一家庭的人可能并不住在一起，因此无法享受家庭规模经济，同时为了保持可比性，不同于宋扬和赵君（2015）通过经济是否独立来构建家庭，本书将居住在同一地址的人数而非某一家庭有多少人作为参与共享经济的家庭人口数量，并通过各家庭成员的出生年推断其是否为儿童[2]。

经过计算[3]，表 3-5 展示了各年样本的家庭规模和儿童数量的描述性统计。从家庭规模的角度看，中国的平均家庭规模总体趋势在不断下降，2008 年之前平均家庭成员数超过三人，而 2009 年之后则不足三人，体现了我国家庭规模逐渐缩小的趋势[4]。

表 3-5　　　　　　　　　　　　　家庭结构描述性统计

指标	年份	样本数	标准差	均值	十分位数	最小值	最大值
家庭规模	2002	4826	1.34	3.40	2	1	28
	2004	9441	1.32	3.14	2	1	11
	2005	8767	1.32	3.13	2	1	13
	2007	5575	1.39	3.22	2	1	14
	2009	9531	1.37	2.90	1	1	10
	2010	4652	1.37	2.91	1	1	11
	2011	9985	1.37	2.96	1	1	10
	2012	9484	1.37	2.99	1	1	12

---

[1] OECD 数据库，https://stats.oecd.org。

[2] CGSS 2003 和 CGSS 2008 的数据没有各家庭成员出生年份的问题，本书用 18 岁以下的家庭成员作为儿童。

[3] 本书删除了相关变量答案为"不适用""不知道"以及"拒绝回答"的观测值，下同。

[4] 中国家庭户均人数由 5.3 人降至 3.02 人，http://news.sina.com.cn/c/2014-05-15/012030137043.shtml.

续表

指标	年份	样本数	标准差	均值	十分位数	最小值	最大值
	2002	4826	1.09	0.99	0	0	21
	2004	9441	0.72	0.52	0	0	5
	2005	8767	0.73	0.52	0	0	6
儿童数量	2007	5575	0.78	0.65	0	0	6
	2009	9531	1.08	1.43	0	0	7
	2010	4652	1.08	1.46	0	0	8
	2011	9985	1.08	1.48	0	0	8
	2012	9484	1.08	1.50	0	0	11

表 3-6 是经过以上调整之后收入相关的变量描述性统计。可以发现，经过等值规模调整后的人均家庭收入明显提高，以 2009 年 [1] 数据为例，等值规模调整使得人均家庭收入提高了近 30%。同时，各收入变量基本呈现出稳步提高的趋势，但 2002~2004 年以及 2009~2010 年的收入变量有所下降。

表 3-6　　　　　　　　　　收入相关变量描述性统计　　　　　　　　单位：元

指标	年份	样本数	标准差	均值	十分位数	最小值	最大值
	2002	4826	39372.46	23827.93	4000.00	0.00	800000.00
	2004	9441	37086.87	20462.57	3500.00	100.00	1500000.00
	2005	8767	164560.90	24664.38	4000.00	0.00	9998000.00
家庭收入	2007	5575	56010.15	30614.43	5000.00	0.00	2000000.00
	2009	9531	104465.20	42022.07	6000.00	0.00	6000000.00
	2010	4652	106176.30	41625.89	5920.00	0.00	5000000.00
	2011	9985	185556.10	52680.41	6400.00	0.00	9999996.00
	2012	9484	126248.00	57999.53	9000.00	0.00	9999996.00

---

[1]　选择 2009 年数据的原因在于 2010 年调研覆盖的省、区、市最多，因此代表性最强。

指标	年份	样本数	标准差	均值	十分位数	最小值	最大值
人均家庭收入	2002	4826	15112.01	7840.67	5000.00	0.00	400000.00
	2004	9441	18910.75	8054.48	1200.00	75.00	1000000.00
	2005	8767	92467.28	10069.96	1000.00	0.00	7500000.00
	2007	5575	34049.25	11909.44	1166.67	0.00	1200000.00
	2009	9531	49208.15	17485.24	1500.00	0.00	2800000.00
	2010	4652	33073.86	17041.58	2250.00	0.00	1000000.00
	2011	9985	58584.07	20955.22	2500.00	0.00	3333332.00
	2012	9484	107380.40	23641.13	3000.00	0.00	9999996.00
调整人均家庭收入	2002	4826	18664.22	10275.03	1666.67	0.00	470588.30
	2004	9441	21143.75	9790.97	1395.35	96.77	1000000.00
	2005	8767	98578.86	12096.11	1555.56	0.00	7500000.00
	2007	5575	36535.20	14587.60	2000.00	0.00	1200000.00
	2009	9531	58916.85	22705.16	3066.67	0.00	2800000.00
	2010	4652	44744.81	22323.32	2941.18	0.00	1500000.00
	2011	9985	79708.57	27623.95	3333.33	0.00	4545453.00
	2012	9484	109624.90	30857.97	4166.67	0.00	9999996.00
个人收入	2002	4826	12489.62	9837.14	0.00	0.00	300000.00
	2004	9441	12866.73	8798.85	1000.00	0.00	400000.00
	2005	8767	14990.27	8830.12	0.00	0.00	670000.00
	2007	5575	45851.10	17299.73	3600.00	0.00	2400000.00
	2009	9531	82506.60	19281.26	0.00	0.00	6000000.00
	2010	4652	34646.64	17165.69	600.00	0.00	1600000.00
	2011	9985	145009.20	23343.48	900.00	0.00	9999996.00
	2012	9484	37546.71	24424.66	0.00	0.00	1000000.00

3.3.3 确定贫困线

参照已有文献（Zhang et al.，2014；宋扬和赵君，2015），本书主要研究以贫困线为基准的贫困状况，亦即绝对贫困。绝对贫困是指收入不足以支撑维持基本生存消费水平的状态（池振合和杨宜勇，2012），贫困线设定的主要目的也是识别这类人群，因此在商品社会，其设定要考虑购买基本生存所需物品和服务的能力，亦即贫困人口生活地区的物价水平。目前研究中国贫困的文献多数主要采用了国家统计局设定的全国统一的农村贫困线和世界银行设定的国际贫困线（陈宗胜等，2013；宋扬和赵君，2015）。目前中国最新的贫困线是在2011年调整到的农民年纯收入2300元（2010年不变价格），世界银行在2015年10月调整了贫困线，将1.25美元/日的基本温饱和2美元/日的稳定温饱（以2005年PPP计算）的贫困标准分别调整为1.9美元/日和3.1美元/日（以2011年PPP计算），另外，根据亚太地区9个欠发达国家（阿富汗、孟加拉国、不丹、柬埔寨、老挝、尼泊尔、巴基斯坦、所罗门群岛和塔吉克斯坦）贫困线的均值，亚洲开发银行2014年设定了1.51美元/日（以2005年PPP计算）的亚洲贫困线。值得注意的是，尽管所有贫困线都会消除不同年份的通货膨胀，但在空间上看，中国并没有设定针对城镇地区的贫困线，而以上国际机构设定的贫困线也没有区分城乡和地区的物价差别。有的研究利用城市居民最低生活保障标准（简称"低保线"）作为城市地区的贫困线（Wang，2007；Zhang et al.，2014），但这并不合理。原因在于，虽然理论上低保线与贫困线都是基于满足个体最基本的生活需要制定的，但由于低保支出大部分需要由地方政府负担，因此各地（以区县为单位）低保线的制定与自身的经济发展水平密切相关，发达地区的低保线往往高于落后地区（张莹和万广华，2006；王有捐，2006）。因此，直接使用这些标准并不能准确反映像中国这样区域差异明显的二元经济体不同地区的生活水平，从而导致对贫困情况的误读。

在中国区域和城乡差异显著的情况下，根据不同地区划定不同的贫困线有利于更精准地识别贫困（张莹和万广华，2006；Zhang et al.，2014）。一些发达国家和地区已经对生活成本差异较大的地区设定了不同的贫困线，以2016年美国的贫困线为例，其包括针对美国大陆、阿拉斯加州和夏威夷州的三条不同的贫困线，生活成本较高的阿拉斯加州和夏威夷州三口之家贫困线比美国大陆分别高 25% 和 15%[①]。因此，为了使贫困标准适应中国的城乡和区域间物价水平的差异，本书从国际、城乡和区域三个方面对已有贫困线进行了调整，并将其统一到以元 / 年为单位。

首先，本书消除了国际贫困线的国别购买力差异。参考世界银行的建议，本书利用 PPP[②]而非汇率进行调整[③]。以世界银行 2005 年 PPP 计算的 1.25 美元 / 日贫困线为例，本书首先将其与 2005 年居民生活消费领域的人民币 PPP 指数[④]相乘，获得以元计算的日贫困线，并乘以 365，从而获得年贫困线。

其次，本书针对中国的城镇和农村地区分别设定贫困线。鉴于 PPP 的估算以城镇部门为基础，因此世界银行在测算中国贫困人口时将世界银行贫困标准与私人消费领域的人民币 PPP 之积被作为城镇贫困线，而研究农村贫困将其进行了适当下调，例如 2005 年即下调了 37% 作为农村贫困线（王萍萍等，2015）。因此，本书参考这种方法，将利用 PPP 转换后的亚开行和世行贫困线作为中国的城镇贫困线，并根据能够反映城乡生活成本差异的比例调整获得农村贫困线。本书考虑两种方法估算这个比例：一方面，将各省、区、市城市与农村最低生活保障金额之比作为调整参数，其与农村贫困线之积作为城镇贫困线（简称"低保法"），这种做法主要考虑了低保标准的设定原则。中国的城乡低保标准是由地方政府自行"统筹考虑困难群众基本生活保障需要、当地经济社会发展水平和财力状况"而设定，而同一地区的财力状况是一致的，同时 2011 年的有关规定[⑤]也对城乡低保标准的计算方法进行了统一，因此在低保投入没有系统性偏向的情况下，城乡的生活成本之比可以由城乡低保之比来识别。另一方面，本书参考侯赛因（Hussain，2003）和王有捐（2006）分别利用国家统计局 1998 年城市住户调查和 2004 年城镇居民家庭基本情况专项调查数据计算的中国各省、区、市 1998 年和 2004 年的食品和一般城镇贫困线，将二者取平均后的城镇一般贫困线与统计局公布的农村贫困线之比作为调整系数（简称

---

① 根据美国健康和人力服务部网站数据计算，https://aspe.hhs.gov/poverty-guidelines.

② 参考王萍萍等（2015）和世界银行网站，2005 年和 2011 年居民生活消费和私人消费领域的人民币 PPP 分别为 4.09 和 3.7。

③ 一些研究认为中国贫困线过低，得出这种结论的主要原因在于其利用了汇率调整值来比较，但这种调整并未考虑中国和其他国家物价水平的差异，因此本书认为使用购买力平价调整的比较更加合理。

④ 已有研究多数利用人民币整体的 PPP 进行计算，而以 2005 年为例，人民币的总体 PPP 为 2.82，居民消费部门为 4.09，而医疗和教育部门仅分别为 0.69 和 1.02（Gilboy 和钟宁桦，2010），因此如此调整的国际贫困线很大程度上被低估，亦即高估了贫困情况。

⑤ 《关于进一步规范城乡居民最低生活保障标准制定和调整工作的指导意见》。

"文献法")。但在实际计算中,本书发现,低保法的比例明显高于文献法的比例,利用前者的比例计算的城镇贫困线约为农村贫困线的 1.77 倍,而后者约为 1.36 倍。前者远高于世界银行调整贫困线使用的 1.37 倍(王萍萍等,2015)以及吴伟(2016)测算的 2014 年的中国城乡生活成本比值为 1.36 的结论,这说明了各地在实际设定低保标准过程中仍然存在城乡不均衡。而后者与已有研究保持了高度一致性,因此,本书重点利用文献法调整城乡物价差别。另外,利用全国消费品价格指数,本书可以获得各年的全国城镇和农村贫困线。表 3-7 展示了通过文献法计算得到的不同机构设定的以 2012 年人民币计价的中国农村贫困线。

表 3-7 不同机构设定的农村贫困线比较

设定主体	公布年份	原始标准	计价标准	2012 年人民币标准(元 / 年)
国家统计局	2011	农民纯收入 2300 元 / 年	2010 年不变价	2494.24
亚洲开发银行	2014	每日生活费 1.51 美元	2005 年 PPP	2099.74
世界银行	2008	每日生活费 1.25 美元	2005 年 PPP	1738.19
世界银行	2015	每日生活费 1.9 美元	2011 年 PPP	1943.89
世界银行	2008	每日生活费 2 美元	2005 年 PPP	2302.24
世界银行	2015	每日生活费 3.1 美元	2011 年 PPP	3171.61
侯赛因和王有捐	2003、2006	二者平均的城镇食品贫困线	—	1417.26

资料来源:根据国家乡村振兴局、亚洲开发银行和世界银行网站信息整理。

从测算结果可见,除了世界银行 2015 年设定的稳定温饱线外,中国 2012 年设定的农村贫困标准高于调整后的亚洲开发银行与世界银行设定的其他贫困线,这说明中国在总体的贫困标准设定方面已经不再偏低。为了体现不同贫困线的差异和与已有研究的可比性,本书主要利用世界银行 2008 年公布的 1.25 美元 / 日基本温饱贫困线(简称"08 世行低标准")、亚洲开发银行 2014 设定的 1.51 美元 / 日贫困线(简称"14 亚开行标准")、国家统计局 2011 年公布的 2300 元 / 年农村贫困线(简称"11 中国标准")、世界银行 2015 年公布的 3.1 美元 / 日稳定温饱贫困线(简称"15 世行高标准")以及文献中的食品贫困线(简称"文献食品标准")进行研究。

最后，在调整城乡差别的基础上，本书考虑各省、区、市的物价差异，设定各省、区、市的城镇和农村贫困线。本研究具体借鉴万广华和张茵（2008）以及张等（Zhang et al.，2014）的做法，利用勃兰特和霍尔茨（Brandt and Holz，2006）计算的全国各省空间价格指数调整而得各省、区、市的贫困线。具体做法是首先利用各省、区、市城镇和农村消费品价格指数，获得各省、区、市各年以全国物价水平为单位 1 的城镇和农村空间价格指数，然后将对应全国各年的城镇和农村贫困线与对应空间价格指数相乘即可。

如图 3-2 所示，经过时空物价调整的 2012 年农村贫困线中，北京和上海的标准最高，都超过了 3600 元，而重庆的标准最低，仅为 2001 元，各省份标准的标准差为 425。城镇贫困线方面，上海和北京的标准分别为 5135 元和 4578元，而最低的山西和黑龙江仅为 2600 余元。相对于农村标准，城镇的贫困标准差异化更强，标准差为 582。

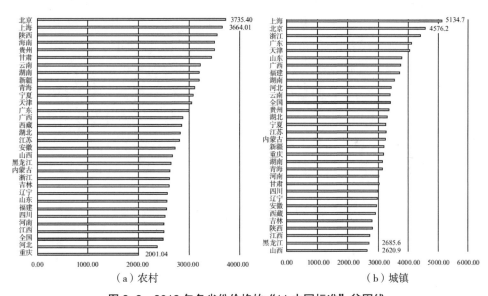

图 3-2　2012 年各省份价格的"11 中国标准"贫困线

3.3.4　确定衡量贫困的指标

法斯特、格里尔和索贝克（Foster、Greer and Thorbecke，1984）提出的Foster-Greer-Thorbecke（FGT）是已有研究中衡量地区贫困利用最为广泛的指标，其计算见式（3-2）。

$$P_\alpha = \frac{1}{N} \sum_{i=1}^{N} (\frac{G_i}{z})^\alpha, (\alpha \geq 0) \tag{3-2}$$

式（3-2）中，α 为衡量对贫困的敏感度，z 为贫困线，N 为总人口数，G_i 为贫困缺口即个体收入与贫困线之差，当个体收入大于贫困线时取值为0。此指数的优点在于可以转换为多个常用的贫困指标。当 $\alpha=0$ 时，P_0 为贫困发生率；$\alpha=1$ 时，P_1 为平均标准化贫困距；$\alpha=2$ 时，P_2 为平均平方标准化贫困距；α 越大，表明生活水平得到提高的人越穷，对指标改善的作用越大。

一个好的测量贫困的指标需要满足四个性质：聚焦性、单调性、传递性以及可分解性（Ravallion and Chen，2001），聚焦性是指非贫困人口的收入改变不会影响贫困指标；单调性要求贫困人口的收入增加可以减少贫困；传递性是指贫困人口之间的收入转移如果降低了不平等，则贫困指标也会降低；可分解性是指总体的贫困指标可以分解为被研究总体集合不同子集贫困指标的加权平均值，其中任何一个子集的贫困加剧都会造成总体贫困的加剧。

使用最为广泛的 P_0 贫困率指标体现了贫困的广度，但其违反了单调性和传递性，无法体现贫困程度的变化，P_1 则同时反映了贫困的深度，但其对贫困人口内部的收入分配并不敏感，而 P_2 则可以反映收入分配的变化，可以作为度量贫困的综合指标。另外，测量贫困的指标还包括 Watts 指数、Sen 指数、Sen-Shorrocks-Thon 指数等，这些指标尽管性质良好，但其解释起来往往不够直观，因此在实践中并不常用。基于此，同时参考卡马努等（Kamanou et al.，2005）的建议，本书即汇报 FGT 包含的三个指标来衡量贫困。

3.4　指标和方法差异对估计结果的敏感性分析

为了比较使用不同福利指标以及引入等值规模和空间价格调整对贫困程度估计的影响，本书基于 CGSS2010 年的数据以"11 中国标准"的贫困线为标准，根据不同福利指标以及是否进行等值规模和省级空间价格调整对 2009 年中国的全国和城乡贫困指标进行了估算和比较。

从表 3-8 中的估算结果可以看出，利用不同的福利指标以及是否考虑等值规模和空间物价差异会对贫困指标的估算造成显著的影响。

首先，利用收入作为福利指标估算的贫困率总体低于支出指标，但城乡情况不同。表 3-8 第 2 行的最后一列为经过调整后分别利用人均收入和人均支出计算的贫困指标之比。其中全国和农村地区贫困指标皆小于 1，表明利用收入指标计算的贫困率会低于支出指标，总体上看受访者会低估家庭支出水平，且农村地区低估程度更加严重，这其中的原因可能在于农村地区的市场化程度较城市较低，导致大量支出并不需要货币支付，而是通过人情关系进行交易，因此人均支出反映的生活水平会低于实际。而对应的城镇地区情况相反，尽管与农村居民相比，受访者报告的支出低估可能性较小，但由于城镇居民的收入来源更多元化，因此收入低报的可能性大大提高，导致用收入估算的贫困率反而高于支出贫困率。

表 3-8　　　　　　　　利用不同福利指标估算的 2009 年贫困程度

序号	福利指标	等值规模调整	空间价格调整	地区	P_0	P_1	P_2	不同指标之比		
								P_0	P_1	P_2
1	人均收入	否	是	全国	15.50	5.87	3.25	1.87	1.86	1.81
				农村	24.80	9.49	5.14	1.78	1.90	1.92
				城镇	7.74	2.90	1.70	2.13	1.77	1.59
2	人均收入	是	是	全国	8.27	3.16	1.80	0.85	0.67	0.50
				农村	13.90	5.00	2.68	1.12	1.13	1.06
				城镇	3.64	1.64	1.07	0.48	0.33	0.24
3	人均支出	否	是	全国	18.40	7.63	4.97	1.89	1.61	1.39
				农村	25.60	9.07	4.81	2.06	2.04	1.90
				城镇	12.40	6.44	5.10	1.65	1.29	1.15
4	人均支出	是	是	全国	9.74	4.75	3.58	—	—	—
				农村	12.40	4.44	2.53	—	—	—
				城镇	7.53	5.00	4.44	—	—	—
5	个人收入	否	是	全国	22.00	15.30	13.40	1.42	2.61	4.12
				农村	29.90	18.00	14.60	1.21	1.90	2.84
				城镇	15.60	13.10	12.30	2.02	4.52	7.24

序号	福利指标	等值规模调整	空间价格调整	地区	P_0	P_1	P_2	不同指标之比		
								P_0	P_1	P_2
6	人均收入	是	否	全国	7.31	2.76	1.59	0.88	0.87	0.88
				农村	11.20	3.98	2.14	0.81	0.80	0.80
				城镇	4.06	1.76	1.14	1.12	1.07	1.07
7	人均收入	否	否	全国	14.30	5.23	2.86	1.73	1.66	1.59
				农村	20.90	7.79	4.13	1.50	1.56	1.54
				城镇	8.77	3.12	1.82	2.41	1.90	1.70

注：由于多数研究都考虑了城镇和农村地区贫困线的差异，因此本表中所有贫困线都经过了城乡价格差别调整。

其次，未经过家庭等值规模调整的贫困率会大大高估实际贫困水平。第1、第3和第5行的不同指标之比皆为其他方法一致，未进行家庭等值规模调整估算的贫困指标和调整后贫困指标之比，都远大于1。其中未等值规模调整的全国收入贫困率为15.5%，调整后为8.27%，前者是后者的1.87倍，农村和城镇贫困率分别为1.78倍和2.13倍，表明不考虑家庭规模经济会导致贫困程度高估80%以上。而利用个人收入估算的贫困率则比利用家庭人均收入估算的贫困率高出42%。

再次，不考虑空间物价差别会造成总体和农村地区贫困水平的低估，但可能高估城镇贫困水平。从第6行最后一栏可以看出，不考虑空间物价差别会使全国和农村收入贫困程度分别低估12%和20%左右，而使城镇收入贫困率高估12%，贫困深度和强度高估7%。这里的原因可能在于现有的贫困线是基于最贫困地区的消费水平设定的，其物价水平偏低，因此造成不进行物价调整的贫困线对其他农村地区来说偏低。而城镇地区估计的偏差幅度较小，原因在于本书利用了侯赛因（2003）和王有捐（2006）在设定城镇地区贫困率时基于各省、区、市的物价水平汇总获得的全国城镇贫困线，也就是全国城镇贫困线的设定已经考虑了空间物价差异（万广华和张茵，2008），从而使得城镇贫困率估计相对一致。

最后，第7行最后一列的数值为未进行等值规模和空间价格调整的贫困率与进行了这些调整的贫困率之比，数值都超过1.5，表明以往的部分文献大幅高估了中国的城乡贫困水平达 50% 以上，与宋扬和赵君（2015）的研究结论保持了一致。

3.5　贫困特征及其空间异质性分析

3.5.1　总体的贫困演化

首先，本书考察进入 21 世纪以来中国整体贫困的演进情况。进行全国层面的贫困情况测算时本书对人均收入和支出进行了家庭等值规模调整，采用了经过空间价格指数调整各省、区、市不同的贫困线标准，并利用抽样权重加权获得全国总体的贫困指标，具体结果如表 3-9 所示。

表 3-9　　　　　　　2002~2012 年全国贫困指标汇总

指标	年份	2002	2004	2005	2007	2009	2010	2011	2012
P_0	文献食品标准	8.62	9.70	10.90	10.70	3.65	4.97	5.32	4.39
P_0	15 世行高标准	23.60	30.70	31.10	28.40	12.00	12.80	12.70	9.72
P_0	14 亚开行标准	13.80	16.80	18.10	17.10	6.11	7.67	8.06	6.32
P_0	**11 中国标准**	**17.10**	**22.40**	**23.00**	**20.70**	**8.27**	**9.01**	**9.83**	**7.51**
P_0	08 世行低标准	10.40	12.00	13.60	13.10	4.69	6.00	6.08	4.80
P_1	文献食品标准	3.74	3.03	3.82	4.30	1.47	2.30	2.49	2.13
P_1	15 世行高标准	10.10	11.90	12.70	12.30	4.65	5.63	5.95	4.68
P_1	14 亚开行标准	5.77	5.76	6.68	7.06	2.40	3.38	3.62	3.00
P_1	11 中国标准	7.29	7.95	8.87	8.91	3.16	4.18	4.48	3.62
P_1	08 世行低标准	4.45	3.93	4.81	5.38	1.77	2.71	2.91	2.44
P_2	文献食品标准	2.48	1.42	1.97	2.34	0.94	1.51	1.72	1.48
P_2	15 世行高标准	6.07	6.29	7.09	7.26	2.61	3.51	3.77	3.07
P_2	14 亚开行标准	3.57	2.81	3.52	4.01	1.40	2.16	2.37	2.01
P_2	11 中国标准	4.44	3.99	4.76	5.18	1.80	2.64	2.87	2.39
P_2	08 世行低标准	2.86	1.87	2.48	2.99	1.08	1.75	1.96	1.68

注：单位为 %。

如图 3-3 所示，进入 21 世纪以来，以不同标准估算的中国的贫困率演变趋势较为一致，总体呈现出较明显的下降趋势，但在不同年间波动明显。其中 2002~2005 年贫困率不降反升，2005 年之后贫困率迅速降低，本书推断这可能与中国 2006 年对农业税全面减免以及最低生活保障制度的逐渐完善有关；另外，本书注意到，2007 年之前样本的共享经济规模都在三人以上，2009 年之后共住人口降低到了三人以下，这也是导致贫困率迅速下降的重要原因。而 2009~2012 年贫困率又出现了先升后降的态势。总体来看，中国的贫困广度大致以 2007 年为界分为两个阶段，其中 2007 年以前贫困广度较高，而之后贫困广度下降到了前期的一半以下，以 1.25 美元 / 日的世界银行低水平贫困线为例，2002~2007 年中国的贫困率超过 11%，而 2007 年以来的平均贫困率仅为约 5%。2012 年以 "11 中国标准" 计算的全国贫困率为 7.51%，也就是全国范围内仍然有约 1.02 亿人生活在国家统计局设定的贫困线之下，扶贫开发工作仍然十分严峻。

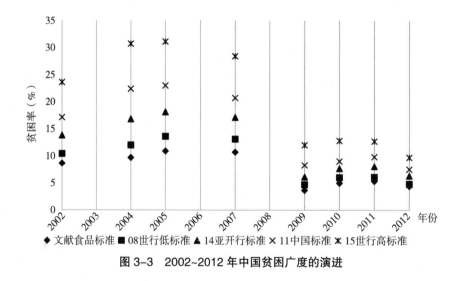

图 3-3　2002~2012 年中国贫困广度的演进

而以不同贫困标准构建的贫困距的变化体现了一定的差异性。如图 3-4 所示，2002~2007 年，标准较低的贫困标准构建的贫困距水平先降后升，而高水平贫困标准的贫困距则是先升后降的。以 "08 世行低标准" 和 "11 中国标准" 为例，2002~2004 年，收入水平低于 "08 世行低标准" 的家庭平均收入与 "08 世行低标准" 贫困线的差距由 "08 世行低标准" 贫困线的 4.45% 缩小到

3.93%，而收入水平低于"11 中国标准"的家庭平均收入与"11 中国标准"贫困线的差距则从"11 中国标准"贫困线的 7.29% 提高到 7.95%，说明贫困家庭的收入在较低水平的收入附近呈现出了收敛性，收入差距缩小。而 2005~2007 年呈现了相反的趋势，低标准贫困距扩大的同时高标准贫困距缩小了，可能的解释是贫困家庭出现了收入分化，最贫困的家庭收入仍然低走，但一部分稍高收入家庭的收入提高幅度较为明显，贫困群体内部的基尼系数可能在不断扩大。图中次坐标轴表示人均家庭收入水平在世界银行 3 美元 / 日贫困线之下人群的基尼系数，2002~2004 年以及 2005~2007 年正是分别呈现了下降和上升的趋势，恰好证明了以上的解释。

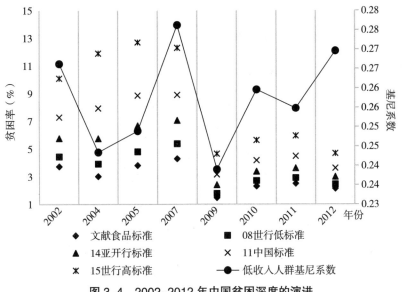

图 3-4　2002~2012 年中国贫困深度的演进

　　最后，本研究分析图 3-5 展示了着重考虑最低收入者的平均标准化平方贫困距指标，2004~2007 年以及 2009~2011 年两个阶段综合贫困水平都提高了，而其余时间段的综合贫困水平都有所下降。值得注意的是，除了 2010 年之前，平均标准化平方贫困距指标与次坐标轴表示的低收入群体基尼系数的变化趋势体现了高度的一致性，表明此指标对收入分配差距的敏感度。2010 年之后，二者的变化趋势则相反，其原因可能在于如之前所分析的，这个时期贫困广度和深度的缓解抵消了收入分配的恶化效果。

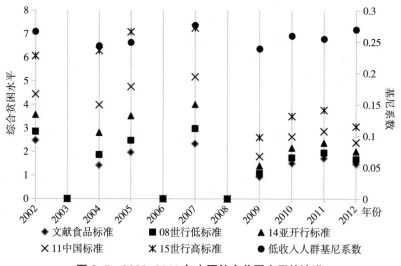

图 3-5　2002~2012 年中国综合贫困水平的演进

3.5.2　城镇和农村贫困的异质性特征

二元属性是我国经济的重要特征，城镇和农村地区的资源禀赋和政策条件等的"剪刀差"导致经济发展差异悬殊，从而使得贫困主要集中在农村地区，但随着劳动力流动的加速和城镇化进程的推进，城镇地区的贫困现象也逐渐凸显，其研究意义愈发重要。因此本节对农村和城镇的贫困特征进行对比研究。

分城乡的相关变量描述性统计如表 3-10 所示。可以发现城乡差距显著存在，尤其是人均收入方面，城镇居民的收入约为农村居民的三倍，但贫困人口的收入差距以及贫困距差距则明显缩小，而且城镇地区的贫困距总体高于农村地区，这进一步表明了城镇地区的贫困现象应该获得足够的重视。同时，不论城镇还是农村，贫困距占贫困人口收入的比重呈现逐年上升的趋势，说明贫困人口库存量的脱贫难度在逐渐增加。

表 3-10　　　　　　　　　　　城乡贫困描述性统计

年份	地区	样本人口 比重（%）	家庭人均 收入均值 （元）	贫困人口家庭人 均收入均值 （元）	贫困距均值 （元）	贫困距占贫困 人口收入比重 （%）
2004	农村	49.9	4178	1331	766.6	57.60
2005	农村	62.1	5319	1338	863.5	64.54

年份	地区	样本人口比重（%）	家庭人均收入均值（元）	贫困人口家庭人均收入均值（元）	贫困距均值（元）	贫困距占贫困人口收入比重（%）
2007	农村	53.4	5275	1356	1157	85.32
2009	农村	45.2	9964	1659	937.1	56.49
2010	农村	41.7	11856	1417	1187	83.77
2011	农村	38.2	11858	1503	1229	81.77
2012	农村	35.9	14288	1502	1326	88.28
2004	城镇	50.1	13011	1666	816.2	48.99
2005	城镇	37.9	16969	1665	934.9	56.15
2007	城镇	46.6	15455	1935	961.7	49.70
2009	城镇	54.8	29733	1626	1328	81.67
2010	城镇	58.3	30987	1548	1512	97.67
2011	城镇	61.8	39445	1746	1498	85.80
2012	城镇	64.1	43841	1535	1717	111.86

注：由于 CGSS 2003 的样本中农村样本不足 600，不足以准确地估算农村贫困率，因此本书从 2004 年开始研究城乡贫困的异质性。

利用经过城乡物价水平调节的"11 中国标准"贫困线[①]，本书对农村和城镇地区的贫困指标进行了测算，并做了对比研究，具体结果如图 3-6 所示。

总体来看，2004 年以来，中国的城乡贫困都有一定的缓解，其中农村贫困发生率由 2002 年的 35.1% 降低到 2012 年的 14.8%，贫困人口减少了近 1.8 亿人，但 2012 年的农村贫困人口仍然超过 9500 万人，略低于中国政府估算的 9899 万人的农村贫困人口数量，这应该归因于等值规模调整对贫困率的纠正。同期的城镇贫困率则由 9.68% 降至 3.4%，2012 年城镇贫困人口还有 2420 万人。

---

① 其他贫困线标准的结果类似，囿于篇幅不在此展开，感兴趣的读者可与作者索取。

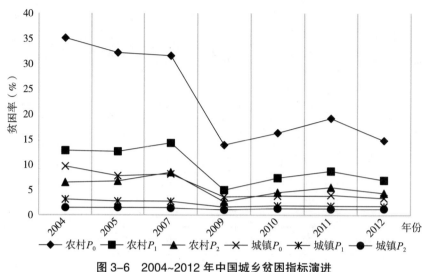

图 3-6　2004~2012 年中国城乡贫困指标演进

从更细节的演进趋势看，2007~2009 年是农村和城镇减贫效果最突出的时间段，其中贫困广度减缓的力度最强，深度和综合强度略弱，但之后到 2011 年，城乡贫困有所反弹。2009 年以来，城乡的贫困指标随时间变化较为稳定，说明贫困人口脱贫的难度在逐渐提高。同时与城镇相比，农村贫困指标体现出了更强的波动性，这可能与农业收入自身的波动性较强有关。

具体到城乡贫困波动背后的原因，本书主要从与收入直接相关的最低生活保障制度的建立和完善角度分析。城市居民和农村最低生活保障制度是进入 21 世纪以来中国建立的最大规模直接针对城乡低收入群体的"无条件转移支付"体制，具有"兜底脱贫"的重要作用（韩华为和徐月宾，2014）。其中城市低保制度在 1999 年国务院颁布《城市居民最低生活保障条例》后建立，农村低保制度在 2007 年国务院颁布《关于在全国建立农村最低生活保障制度的通知》后在全国范围内正式建立并迅速铺开。

如图 3-7 所示，2002 年以来，农村低保的覆盖人数和投入都有了大幅度提高，尤其是 2005~2007 年各地逐渐从无到有地建立起农村低保制度，使得覆盖人数大幅度增加，但到 2010 年之后，农村低保覆盖人数开始稳中有降，但总投入仍然不断提高，而且 2011 年后农村低保投入开始超过城市。相反，由于城市低保制度建立时间较早，因此 2002 年以来的覆盖人数较为稳定，且有下降趋势，但直到 2013 年，城镇低保投入仍然在持续提高。

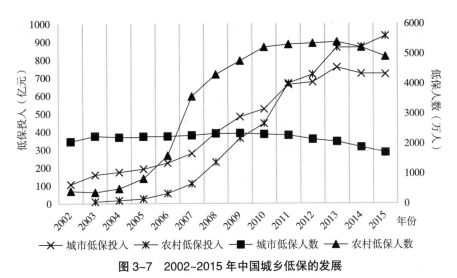

图 3-7　2002~2015 年中国城乡低保的发展

资料来源：历年《民政事业发展统计公报》。

　　截至 2012 年底，全国共有城市低保对象 2143.5 万人，占本书估算城镇贫困人口总数的 88%，人均补差为 3146 元 / 年，此标准为当年城镇贫困线的 93%。农村低保对象 5344.5 万人，占本书估算农村贫困人口总数的 56%，人均补差标准为 1343 元 / 年，为当年农村贫困线的 54%。可见，城乡低保制度的覆盖面和投入力度相对于贫困的广度和深度都十分可观。据此，低保制度的完善理应对减贫的效应显著。

　　如表 3-11 所示，贫困与低保指标呈现出统计上显著的相关性。农村地区的贫困广度和深度与低保人均支出、覆盖率以及投入相关系数都在 –0.7 以上，且关系显著，可以初步认为农村低保制度显著缓解了贫困，但更能反映最贫困人口生活水平是否改善的贫困综合强度指标与低保关系并不显著，表明低保可能并未有效瞄准最穷的人口。贫困指标滞后一期后，则只有贫困率与低保覆盖率的关系高度显著且相关系数进一步提高，这表明 2002~2012 年，农村低保覆盖率的提高有效降低了农村地区的贫困率，这与 2007 年前后农村低保制度的迅速铺开和 2007~2009 年农村贫困率迅速降低的现象保持了一致。对于城镇地区，由于低保制度在 2002 年之前就已经普遍建立，因此低保覆盖率的提高并没有降低城镇贫困程度导致其与贫困指标的相关系数并非显著为负且贫困率滞后一期后，其与低保覆盖率的关系不再显著。同时不管是否滞后，低保人均支出和投入与贫困指标的相关系数都高于对应农村地区，这表明城市低保制度对城镇贫困的缓解作用更强，这里的原因可能在于我国的扶贫开发政策仅仅面向农村地区，因此城镇脱贫对低保制度的依赖性更强。

表 3-11 贫困程度与低保的相关系数

农村地区	低保人均支出	低保覆盖率	低保投入
P_0	−0.8310*	−0.9003*	−0.8603*
P_1	−0.7459*	−0.7491*	−0.7507*
P_2	−0.607	−0.565	−0.593
滞后一期 P_0	−0.776	−0.9573*	−0.824
滞后一期 P_1	−0.578	−0.849	−0.642
滞后一期 P_2	−0.300	−0.644	−0.376
城镇地区	低保人均支出	低保覆盖率	低保投入
P_0	−0.9102*	0.8521*	−0.9278*
P_1	−0.8930*	0.8262*	−0.9145*
P_2	−0.7246*	0.617	−0.7596*
滞后一期 P_0	−0.9148*	0.870	−0.9390*
滞后一期 P_1	−0.870	0.834	−0.895
滞后一期 P_2	−0.623	0.628	−0.649

注：* 表示在 10% 水平上显著。

综合看来，农村低保在覆盖率上的扩张有效降低了农村贫困率，但低保人均支出水平的提高对贫困深度和强度的缓解有待加强。相反地，城镇低保在总投入和人均支出水平上的增长显著改善了城镇贫困的深度和强度，但其对贫困人口的覆盖率需要进一步改善。

最后，借鉴詹金斯（Jenkins，2006）的做法，本书引入了"贫困风险"指标，体现不同子样本群体以全国平均水平为基准贫困指标恶化的相对概率，设下标 k 表示某个子样本（此处分别为农村和城镇人口），计算方法如式（3-3）所示：

$$R_k = P_k(\alpha) / P(\alpha), (\alpha \geq 0) \tag{3-3}$$

式（3-3）中，α 的定义与式（3-2）一致。以式（3-2）为基础，本书定义

当 α 取值为 0 时，R_k 表示陷入贫困的相对风险；为 1 时，表示贫困程度加深的相对风险；为 2 时，表示贫困综合强度提高的相对风险。以此为基础，以下对农村和城镇地区贫困恶化的相对概率进行分析。

如图 3-8 所示，总体上看，城镇地区的贫困恶化风险相对稳定，为全国水平的一半左右；但农村贫困的恶化风险呈现出上升趋势，已经接近全国平均水平的两倍，农村居民贫困程度恶化的风险是城镇居民的四倍左右。具体来看，对于农村地区，陷入贫困的风险指数由 2004 年的 1.57 升至 2012 年的 1.98，且2005 年之后一直处于上升的态势，伴随着农村低收入群体的基尼系数的整体提高，表明农村居民陷入贫困和贫困程度恶化的风险在不断提高。相对而言，城镇地区的贫困风险指标和低收入群体的基尼系数相对稳定。

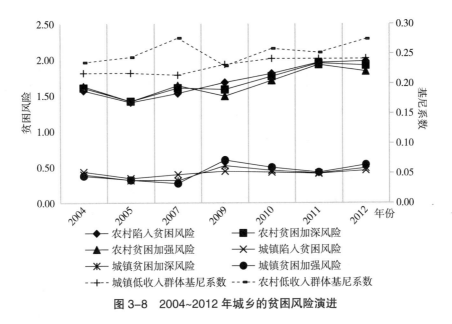

图 3-8　2004~2012 年城乡的贫困风险演进

3.5.3　不同区域贫困的异质性特征

中国的区域经济存在巨大的地区差异，不同板块的经济发展水平相差悬殊，"东部率先、西部开发、东北振兴、中部崛起"的四大区域板块战略构成了中国"十一五"和"十二五"规划的区域发展总体战略，其贫困情况也必然存在不同特征，因此，本书对四大板块的贫困特征进行了进一步研究。

从表 3-12 中的描述性统计可以看出，东部地区的人均收入最高，但其贫困人口的人均收入和贫困距却在四大板块中是最低的，初步表明东部地区的收入差距可能超过其他版块。四大板块中，除了西部地区外，2012 年的贫困距占贫困人口收入之比远高于 2002 年，这说明西部地区的贫困人口的收入相对于贫困线在提高，而其余板块的贫困人口收入增长却赶不上物价水平的提高，脱贫难度在加大。

表 3-12　　　　　　　　　　四大板块贫困描述性统计

年份	地区	样本人口比重（%）	家庭人均收入均值（元）	贫困人口家庭人均收入均值（元）	贫困距均值（元）	贫困距占贫困人口收入比重（%）
2002	东部	36.1	14252	1782	1185	66.50
2007		27.7	17089	1883	1088	57.78
2012		38.9	52780	1328	1737	130.80
2002	中部	29.6	8068	1320	883.7	66.95
2007		41.6	7752	1415	1023	72.30
2012		25.2	18992	1438	1461	101.60
2002	西部	21.7	6896	1266	1138	89.89
2007		19.8	6110	1419	1311	92.39
2012		19.8	20394	1804	1245	69.01
2002	东北	12.6	4406	1224	878.7	71.79
2007		10.9	7769	1483	713.5	48.11
2012		16.1	24044	1392	1265	90.88

　　如图 3-9 所示，2002 年贫困人口在四大板块分布较为均匀，但到 2012 年，东部和东北地区的贫困人口份额降低，而中西部地区的贫困人口份额则相对增加了，这表明中西部地区的脱贫步伐相对东部和东北地区较为缓慢。在此基础上，本书继续研究四大板块贫困程度的绝对水平演进。

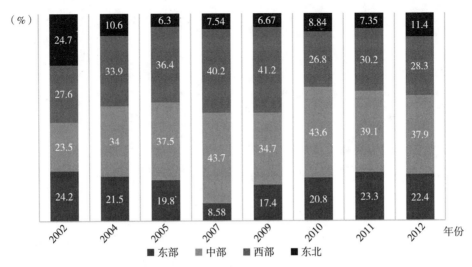

图 3-9　2002~2012 年四大板块的贫困人口比重

图 3-10 展示了以贫困率表示的四大板块 2002~2012 年的贫困广度演进[①]，可以发现，2010 年之前，不同区域的贫困率变化趋势上存在较强的异质性，但到 2010 年东部和东北地区的贫困率水平有趋同倾向，而中西部的贫困水平和变化逐渐趋于一致。具体来看，东部和中部地区的贫困率变化趋势较为一致，2002~2005 年贫困率上升，到 2009 年迅速下降，之后又是先升后降的过程。西部地区的贫困率起伏较大，2007 年之前提高速度较快，而之后则出现了较大幅度的下降，总体来看，2002~2012 年西部地区的贫困率下降了一半。2010 年之前，东北地区的贫困率一直在快速下降，但之后贫困率又开始抬头，与东北地区整体的经济增长较为同步（高国力和刘洋，2015）。为了进一步考察贫困与经济增长的关系，本书计算了贫困程度变化率与人均 GDP 增长率的关系，如表 3-13 所示。

---

① 需要指出的是，四大板块三类贫困指标的演变趋势较为一致，因此仅以贫困率作为代表指标进行分析。

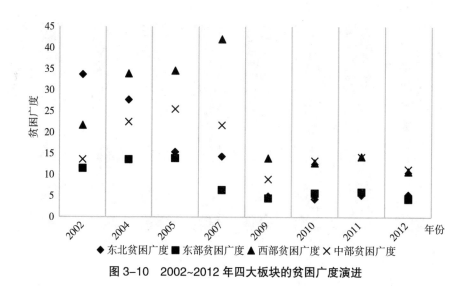

图 3-10 2002~2012 年四大板块的贫困广度演进

表 3-13　　　　　　　　　贫困程度与人均 GDP 增长率的相关系数

	地区	P_0 增长率	P_1 增长率	P_2 增长率
人均 GDP 增长率	东部	0.4389	0.3194	0.1695
	中部	0.7552*	0.6939*	0.6351
	西部	0.7381*	0.8413*	0.8229*
	东北	0.5228	0.7057*	0.6541

注：* 表示在 10% 水平上显著。

从相关系数的显著性可以看出，中、西部和东北地区的贫困水平与经济增长水平相关性较强，而东部地区则相对不明显。这表明经济增长对发展相对落后地区的脱贫作用仍然比较显著，而不平等的加剧以及产业结构的升级都可能降低增长对减贫的作用（汪三贵，2008；罗楚亮，2012），这导致经济发展水平较高的东部地区已经不能主要依赖经济增长的推动减贫，应该寻找结构化的路径进一步缓解贫困。

3.5.4 国贫县贫困的异质性特征

长期以来，国贫县一直是中国扶贫开发政策的主要着力点，尽管进入 21 世纪以来贫困村以及集中连片特困地区逐渐成为扶贫开发的"主战场"，但 592 个国贫县仍然是政策瞄准的基本空间单元，获得了多数扶贫开发资源。鉴于此，本书利用 CGSS 2005~2011 年数据中精确到区县的地理信息，以国务院 2001 年公布的国贫县名单为准，将样本分为国贫县和非国贫县两类，对其贫困程度的特征进行对比分析。

表 3-14 展示了国贫县和非国贫县计算贫困指标相关变量的描述性统计特征。可以看出，国贫县人口的人均收入仅为非国贫县的一半左右，但贫困人口的收入和贫困距差别不大。

表 3-14　　　　　　　　　　国贫县与非国贫县贫困描述性统计

年份	是否国贫县	人口比重（％）	家庭人均收入均值（元）	贫困人口家庭人均收入均值（元）	贫困距均值（元）
2004	非国贫县	83.1	9543	1441	754.5
2005	非国贫县	81.3	10973	1391	885.2
2007	非国贫县	82.5	11214	1511	998.3
2009	非国贫县	83.6	22768	1574	1093
2010	非国贫县	89.1	24201	1439	1292
2004	国贫县	16.9	3988	1314	832.4
2005	国贫县	18.7	4340	1352	840.9
2007	国贫县	17.5	4390	1390	1299
2009	国贫县	16.4	10808	1866	858.0
2010	国贫县	10.9	13207	1516	1105

如图 3-11 所示，2004~2010 年以不同标准估算的国贫县和非国贫县的贫困率都有显著下降。以国家标准估算的国贫县贫困率由 38.8% 下降到 10.8%，6 年降低了 28 个百分点，而非国贫县贫困率降低了 10.2 个百分点至 8.79%。但到 2010 年，国贫县中仍然有 7.61% 的人口日收入低于 1.25 美元，其中 6.69% 的人口生活在食品贫困线以下，温饱问题还未得到保障。

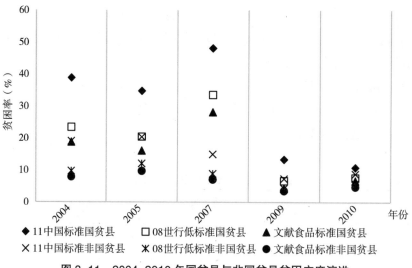

图 3-11　2004~2010 年国贫县与非国贫县贫困广度演进

从其间的变化趋势上来看，国贫县和非国贫县的贫困率演进呈现了较明显的差别。其中国贫县的贫困率变化起伏较大，2004~2005 年以及 2007~2009 年贫困率明显下降，而 2007~2007 年贫困率显著提高，2009~2010 年以 2300 元/年计算的贫困率有所降低，更低标准的贫困率却又有所提高。相对国贫县，非国贫县贫困率的变化较为缓和，2005~2009 年持续下降，但这之前和之后的贫困率都有所提高。

由于国贫县和非国贫县在扶贫开发工作上最大的差别在于前者能够获得中央和地方额外的扶贫开发资源，因此，本书以下研究扶贫开发投入与国贫县贫困程度的关系，试图初步回答国家的政策倾斜是否有利于国贫县脱贫的问题。

图 3-12 是陷入贫困风险与扶贫开发投入的关系图。其中国贫县居民陷入贫困的风险高于非国贫县，但这种差距总体上在不断缩小，2004 年前者为后者的两倍多，但至 2010 年前者仅比后者高 23% 左右，这说明国贫县的减贫步伐远远快于非国贫县。进一步考察主要向国贫县倾斜的扶贫开发投入的作用，从图 3-12 可以发现，滞后一到两期的扶贫开发投入变化趋势与国贫县陷入贫困风险的变化趋势完全相反，与非国贫县完全一致，这表明中央政府对国贫县的扶持与其陷入贫困风险的降低关系密切。

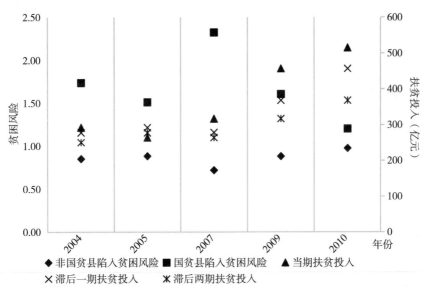

图 3-12　2004~2010 年国贫县与非国贫县陷入贫困风险与扶贫开发投入的关系

进一步看，表 3-15 展示了 2005~2010 年国贫县贫困程度变化率和扶贫开发投入变化率的相关系数，其中贫困率变化与当期的贫困率变化关系不显著，与滞后一期和两期的扶贫开发投入关系显著为负，与滞后三期的扶贫开发投入则显著为正。这表明扶贫开发投入之后的当年贫困广度并不会相应降低，但之后的第二年和第三年的贫困率会显著降低，而当年的扶贫开发投入会伴随着第四年贫困率的进一步上升。其中的原因可能在于扶贫开发的大部分投入并非直接到贫困户的转移支付，而是以工代赈、劳动力培训等开发项目进行，因此其建设和发挥作用需要一到两年的时间，但在这之后扶贫开发项目持续性不够强，反而造成了贫困地区的路径依赖，导致贫困抬头。另外，贫困深度和强度的变化与扶贫投入关系并不显著，表明扶贫开发政策未能有效改善贫困的深度和强度。

表 3-15　　　　　国贫县贫困变化与扶贫开发资金投入变化的相关系数

指标	扶贫开发投入			
	当期	滞后一期	滞后两期	滞后三期
贫困广度变化率	−0.498	−0.9182*	−0.9313*	0.9111*
贫困深度变化率	−0.411	−0.809	−0.878	0.9561*
贫困综合强度变化率	−0.380	−0.752	−0.838	0.9650*

注：* 表示在 10% 水平上显著。

3.6　本章小结

利用覆盖了中国 31 个省级行政区 CGSS 2003~2013 年的住户调查数据，本章利用消除区域间物价差异以及家庭结构和规模影响的方法，对世界银行、亚洲开发银行以及国家统计局设定的不同水平贫困线进行了合理调整，并改善了福利指标对生活水平反映的有效性，估计了 2002~2012 年中国总体、城乡、四大板块以及国贫县与非国贫县的贫困广度、深度和综合程度，对贫困的空间异质性、演进趋势及其背后的主要因素进行了分析。

本章的研究表明，不考虑家庭规模经济会导致贫困程度被高估 80% 以上，不考虑空间物价差别同样会影响对贫困程度的估计，但偏误的方向取决于初始统一贫困线的设定是否已经考虑了区域物价差别。

使用改进的估计方法，本章发现，2002~2012 年我国的贫困程度虽然有所起伏，但整体有大幅度的缓解，以年收入 2300 元 / 年（2010 年不变价）为标准的全国贫困率降低了近 10 个百分点，尤其是 2007~2009 年贫困广度、深度和综合强度都降低了超过一半；另一方面，2012 年，全国仍然有 1.02 亿人生活在国家统计局 2011 年设定的贫困线之下，扶贫任务仍然艰巨，而且 2009 年以来贫困程度的减缓速度明显下降，表明剩余的贫困"库存"人口脱贫难度较大。

分城乡看，2002~2012 年我国农村贫困率降低了超过 20 个百分点，至 14.8%，城镇贫困率则降低了超过 6 个百分点，至 3.8%。农村地区的贫困程度显著高于城镇地区，且二者的差距有不断加大的趋势。加入低收入群体收入差距的分析表明，伴随着农村低收入群体的基尼系数的整体提高，农村居民陷入贫困和贫困程度恶化的风险在不断提高，而城镇地区的风险相对稳定。与城乡低保发展的相关性分析表明，相对于城镇地区，农村低保覆盖率的提高显著降低了农村的贫困广度，但整体的贫困风险有加剧的趋势，而城镇地区的贫困深度和综合强度的变化与城市低保的投入增长关系更加紧密。

分板块看，2009 年以来，东部和东北地区的贫困率在 5% 上下波动，而中西部地区的贫困率仍然居高不下，多数年份都高于 10%。从动态角度看，东北地区的减贫速度最快，西部地区次之，东部地区第三，而中部地区减贫步伐最慢，但东北地区是 2002~2009 年唯一贫困程度持续缓解和 2010~2012 年唯一贫困程度持续加剧的板块。另外，与经济增长的相关性分析表明，2002 年以来中、西部和东北地区脱贫速度与人均 GDP 增长密切相关，而东部地区则没有显著的相关性。

相对于非国贫县，享受了多数扶贫开发政策的国贫县脱贫效果也较为明显。2004~2010 年，国贫县贫困程度的缓解显著高于非国贫县，二者的贫困率差距从 2004 年的近 20 个百分点降低到了 2 个百分点，且这种差距缩小与滞后一期和滞后两期的扶贫开发投入呈现出显著的相关性。

最后，值得指出的是，由于本章的重点并非讨论贫困程度变化的内在原因，因此其中涉及的关系分析仅使用了统计分析手段，相关的原因分析相对初步，并非对因果关系的识别，但这也正是后续研究的内容。

第 4 章　扶贫开发政策的有效性评估[*]

4.1　引言

　　20 世纪 70 年代末开始的改革开放深刻改变了我国经济社会的演进路径，东部沿海地区的经济发展从此腾飞，广大农村地区也通过体制改革解放了一定的生产力，但相对而言，大量内陆"老少边穷"[①]地区的贫困落后面貌并没有得到完全改善，绝对贫困规模仍然不可忽视[②]。中央政府在 1982 年决定向"三西"地区专项拨款 20 亿元，支持首期十年的"三西"农业建设并延续至今，拉开了中国区域性扶贫的帷幕。此后，中国从 1986 年开始实施有组织、有计划、大规模扶贫开发战略，并将扶贫开发重点转向国贫县。

　　我国世界性的减贫成就已经成为公认的事实，但这种成就的背后扶贫开发政策到底贡献几何的问题并没有简单的答案。现有的大量研究和官方文件往往通过比较贫困地区扶贫开发政策实施前后或受政策扶持与未受政策扶持的区县的发展或贫困水平来认定政策贡献，但这些简单的水平或垂直比较并不能准确识别其中的政策贡献，前者能够识别扶贫开发政策效果的前提是政策不会通过经济增长等同期随时间变化的其他渠道降低贫困，而后者要求扶贫开发政策的实施对象与未获得政策扶持的地区本身的发展趋势类似，但这两点在现实中并不会自动成立。因为同期的经济增长本身，尤其是中国改革开放带来的高速经济增长对减贫的效果十分显著（Ravillion and Chen，2007；汪三贵，2008），导致经济增长效应和政策效应难以分辨；即使本书假设扶贫开发政策完全通过促进经济增长而减贫，那么如果国贫县没有实施相应的扶贫开发政策，其能否达到相同减贫效果的问题也需要解决。

---

　　*　本部分内容发表于《南开经济研究》2019 年第 5 期，发表时有删减。

　　①　革命老区、少数民族自治地区、陆地边境地区和欠发达地区。

　　②　参考孙久文：中国的减贫仍在消除绝对贫困，http://opinion.china.com.cn/opinion_18_139418.html。

已有研究已经关注到扶贫开发政策因果效应识别的问题，并从若干视角对中国的扶贫开发政策效果进行了评估（Park et al., 2002; Park and Wang, 2010; 毛捷等，2012；张彬斌，2013；Meng，2014；王艺明和刘志红，2016），但他们的方法无法完全解决国贫县认定的非随机性，且研究多数关注政策在十年以内的中短期效应，忽视了对长期效应的研究。因此，本书试图利用 20 世纪 90 年代以来的县域面板数据，借助国贫县名单的调整，通过倾向得分值匹配双重差分以及合成控制法模拟自然实验，构建国贫县发展的反事实情况，通过与实际情况比较来更严格地评估扶贫开发政策的短期和长期效果。本书研究结果表明，列入国贫县名单十年以内的中短期增收效果显著，但长期的效果消失。

与已有文献相比，本章可能的贡献有三点。首先，本章关注了国贫县调整的准自然实验，利用匹配和差分结合的方法减弱了国贫县选择的内生性以及其他不可观测变量的干扰，同时进一步利用合成控制法证明了研究结论，能够更严格地评估政策效果。其次，本章使用了 1990~2010 年的县域面板数据，有助于控制不随时间改变的区县因素对评估的影响，更重要的是本书的数据在时间上覆盖了扶贫开发政策实施的大部分时间周期，有助于识别政策的长期效应。最后，本章研究的是以国贫县为瞄准对象的一揽子扶贫开发政策的有效性，避免了不同类别政策效果的混淆问题，同时也更有助于从整体上探讨以国贫县为政策目标这种制度安排的实施效果，为更加精准的扶贫制度安排提供改革基础。

4.2　国贫县的确立与扶贫开发政策的倾斜

4.2.1　确立国贫县的历史背景

改革开放之后，沿海内陆和城乡收入差距的扩大表明了针对落后地区扶贫开发的必要性。中国政府分别于 1984 年《关于帮助贫困地区尽快改变面貌的通知》。1986 年的全国人民代表大会又进一步将扶持老、少、边、穷地区尽快摆脱经济文化落后状况，列入国民经济"七五"发展计划（1986~1990 年），作为一项重要内容。我国有组织、有计划、大规模的农村扶贫开发便肇始于此，在此之前，中国的扶贫工作没有中央领导机构进行牵头，也没有政策倾斜的重点区域或人群，减贫更多的是通过全国性的体制改革进而推动经济建设来实现，因此被称为"广义扶贫"阶段。中央政府希望通过从上到下成立专门的扶贫机构、信贷扶贫、以工代赈和财政发展资金等一系列开发式扶贫政策改善广大农村地区的贫困面貌。而政策执行面临的首要问题就是扶贫对象在空间上的瞄准。

理论上扶贫开发的政策对象可以是空间单元或社会群体，前者例如区域、省市、区县、村镇甚至社区，而后者可能为族群、家庭或者个人等，一般而言，政策效果随着瞄准尺度的精细化而改善，但识别成本会随之提高。因此，设置瞄准对象要从政策目标、政策实施成本和收益等方面进行分析，国贫县被设定为政策对象的基本空间单元也进行了这些方面的考量。

首先，20 世纪 80 年代中国的人口和其他经济要素流动十分有限，农村贫困人口在地理上分布相对集中，中西部地区资源匮乏、自然环境和基础设施条件恶劣以及位置偏远的地区居住了大部分贫困人口，分布在 27 个省级行政区的592 个国贫县被列入国家"八七扶贫攻坚计划"，这些贫困县居住的贫困人口占全国总贫困人口数的 72% 以上。因此，以区域空间而非社会群体为政策对象可以有效提高识别效率。

其次，20 世纪中国的中西部大部分地区仍然处于十分落后的状态，基础设施和基本公共服务等最基本的生产生活条件十分恶劣。通过改善贫困地区基础设施和公共服务水平可以有效改善贫困群体的生产和生活条件，带动地方经济发展，使农户能够通过提高劳动生产率来增加收入并摆脱贫困是开发式扶贫的主要思路。因此，开发式扶贫需要集中力量进行基础设施建设和公共服务，这样的政策思路就要求以区域为单位进行扶贫开发。

最后，中国的行政体系中，区县是最基本的具有完整经济社会结构的单位，而且县级政府具有完整的组织管理体系，以区县为对象进行扶贫开发可以充分利用现有的行政管理系统和金融机构等机制体制，因而利于降低政策的执行成本。

4.2.2　国贫县的认定

中国的第一批 258 个国贫县在 1986 年得到认定，2015 年，我国有 592 个国贫县[①]，期间国贫县的名单根据经济社会发展情况和不同的认定标准进行了数次调整，具体调整情况如表 4–1 所示。

---

① 到 1988 年各省、区、市同时认定了 370 个省级贫困县，但认定标准并不透明，同时扶贫工作主要由地方政府负责，力度较小（Park et al., 2002），因此不作为本书的主要研究对象。

表 4-1 国贫县认定的若干次调整

认定年份	区县数量（个）	认定标准
1986	258	1985 年人均纯收入低于 150 元，但革命老区和少数民族自治县的标准扩大到 200 元，对中国革命做出重要贡献的老革命根据地和内蒙古、新疆和青海的一部分有特殊困难的少数民族自治县的标准提高到 300 元
1987	273	新认定 13 个革命老区县和 2 个其他县
1988	328	27 个牧区和半牧区县被定为贫困县，加上自 20 世纪 80 年代初期以来就一直得到国家财政援助的"三西"地区的贫困县
1989	331	海南从广东独立出来建省，国家又在海南确定了 3 个国家级贫困县
1993	592	1990 年农民人均纯收入低于 300 元
1994	592	凡是 1992 年年人均纯收入低于 400 元的县全部纳入国定贫困县扶持范围，凡是 1992 年年人均纯收入高于 700 元的原国定贫困县，一律退出国家扶持范围（根据当时的典型测算，凡是年人均纯收入超过 700 元的县，90% 以上的贫困人口基本上解决温饱问题）
2001	592	（1）全国贫困县总数保持不变，依然为 592 个；（2）除河北和海南以外东部沿海地区的省、区、市，包括辽宁、山东、浙江、福建、广东的贫困县由各省自行扶持，退出国家扶持贫困县名单，腾出了 33 个贫困县的名额；（3）将西藏整体作为一个扶贫单位，单独列入计划，其原来占有的 5 个贫困县名额相应让出；（4）其他省、区、市贫困县具体的调整方案是：各省、区、市重点县数量的确定采用"631"指数法，即各省、区、市贫困人口占全国的比重占 60% 的权重（其中绝对贫困人口与低收入人口各占 80% 和 20%），农民人均纯收入较低的县数所占全国比例占 30% 比重（人均纯收入一般地区以 1300 元为标准，老区、少数民族和边疆地区人均纯收入标准提高到 1500 元）、人均 GDP 低的县数（低于 2700 元）占全国比例和人均财政收入低的县数占全国的比例（低于 120 元）合占 10% 的权重；各省、区、市根据指数法确定的重点县数量在省、区、市内确定具体的县，报国务院扶贫开发领导小组审核、备案
2011	592	各省、区、市根据实际情况，按"高出低进，出一进一，严格程序，总量不变"的原则进行调整

资料来源：综合财政部农业司网站等资料整理。

　　在 1986 年确定的 258 个国贫县中，只有 83 个，也就是 1/3 的国贫县农民年均纯收入在 150 元以下，其余皆超过 150 元，其中更有 93 个县在 200~300 元之间。这种结果表明经济因素以外的其他因素对国贫县的选择有关键的影响。国贫县可能是自然禀赋条件最差的地区，但也可能存在大量并未严格符合筛选要求的例外情况①，这种"软约束"的政治性认定标准也成为之后国贫县制度最严重的问题之一，但同时为本书的因果识别提供了基础。

《中国农村扶贫开发纲要（2001~2010年）》将扶贫对象进一步精细化至贫困村，并主要由地方政府扶持，尽管与中央的扶持相比政策力度较小，但这在一定程度上将非国贫县的贫困地区纳入了扶贫开发范围。但国家仍然在国贫县的基础上调整确定了国家扶贫开发重点县（由于其与国家级贫困县本质一致，因此同样简称"国贫县"），并仍然作为中央政府扶贫开发的重点对象②。这次贫困县的调整的主要结果是沿海发达地区，主要是山东、浙江、辽宁和广东四省的国贫县被调整出扶持范围，相应的名额被分配给了中西部地区，总数不变。与1993年"八七"初期认定的国贫县名单相比相比，这次调整新列入了89个国贫县，排除了51个原有国贫县。这其中有38个为根据认定标准调整退出的东部和西藏整体的国贫县，只有13个在符合脱贫标准基础上退出。

而在2011年的《中国农村扶贫开发纲要（2011~2020年）》在不改变对国贫县扶持政策的同时，按照集中连片、突出重点、全国统筹、区划完整的原则，在全国共划分出11个连片特困地区③，加上已经实施特殊扶持政策的西藏、四省藏区、新疆南疆三地州，成为扶贫攻坚的主战场。进入以上14个片区的县共有680个，其中国家扶贫开发工作重点县有440个。同时进一步将国贫县的认定权下放至省、区、市政府，各省、区、市在总数不变的前提下自行认定国贫县，表4-2是某省的贫困县申请和审批流程，其评定标准和测算方法为本省制定，同时本书查询其信息公开的指定网站，并没有发现贫困县的公示名单，其他省、区、市的情况类似，甚至多数并无法找到评定标准。可见贫困县评定的过程并不透明（李飞，2014），这进一步增加了经济贫困之外的因素对国贫县认定的干扰，"贫困县"不贫困的问题可能进一步严重化。

---

① 参考报道"17县骗资金：贫困县如何扶贫？"，http://view.news.qq.com/original/intouchtoday/n2658.html.

② 规划原文为"按照集中连片的原则，国家把贫困人口集中的中西部少数民族地区、革命老区、边疆地区和特困地区作为扶贫开发的重点，并在上述四类地区确定扶贫开发工作重点县。东部以及中西部其他地区的贫困乡、村，主要由地方政府负责扶持。"

③ 具体划分方法是以2007~2009年3年的人均县域国内生产总值、人均县域财政一般预算性收入、县域农民人均纯收入等与贫困程度高度相关的指标为标准，这3项指标均低于同期西部平均水平的县(市、区)，以及自然地理相连、气候环境相似、传统产业相同、文化习俗相通、致贫因素相近的县划分为连片特困地区。

表 4-2 　　　　　　　　　　　　　**某省贫困县申报和审批流程**

申报流程	规定内容
申报条件	×× 省行政区划内的县
申报材料	凡申请贫困县需要提交本级政府加盖电子印鉴的申请文件（电子版），通过《×× 省农村扶贫开发信息网》电子政务办公系统上报给指定的接收人
文件内容	文件中包括县、村两级的基本情况、自然状况、经济社会发展、贫困状况等统计数据材料，县、村扶贫开发规划及说明等内容
受理审核	承办人对提交的贫困线材料进行审核，对不符合规定要求的，当日或 5 个工作日内告知报件单位。符合规定要求的，予以受理
评定标准	县人均国内生产总值占 10 分、人均财政收入 10 分、农村贫困人口占农村总人口比例 30 分、农民人均纯收入 40 分、农业人均耕地面积 10 分，总计 100 分
测算办法	按照相关指标对申报县农村贫困程度的影响，用"因素法"测算，对上述五项指标总分相加后，全省各县按得分多少排序
评定结果	按国家下达给 ×× 省的国家贫困县数量，以及省委、省政府确定的省贫困县数量，在排序中由低向高先确定国家级贫困县，再确定省级贫困县
报批流程	承办人所在业务处提出审核意见，提交省扶贫办主任办公会研究讨论决定，报省政府领导签批，国家级贫困县需报国家乡村振兴局审批
结果公示	对通过审核和审批的贫困县名单，在《×× 省农村扶贫开发信息网》上公示 7 个工作日，必要时在省级新闻媒体上公示，并于 10 个工作日内以电子文件形式送达县扶贫办

资料来源：黑龙江农村扶贫开发信息网以及新华每日电讯 2014 年 1 月 7 日，第 8 版。

4.2.3　扶贫开发政策对国贫县的倾斜性

尽管不同扶贫开发时期的政策细节有所差异，但总体而言，作为扶贫开发"主战场"的国贫县会排他性地享受一系列扶贫开发资金扶持、信贷优惠、财税优惠和经济开发优惠政策等制度安排：

一方面，在扶贫资金方面，"八七"扶贫攻坚时期的相关规定要求，"国家各项扶贫资金必须全部用于国家重点扶持的贫困县"，2001~2010 年的中央财政扶贫资金中"以工代赈资金和新增财政扶贫资金全部用于国定贫困县"，发展资金则重点用于国定贫困县。而 2011~2020 年，"中央财政专项扶贫资金主要投向国家确定的连片特困地区和扶贫开发工作重点县、贫困村，其中新增部分主要用于连片特困地区"[①]。可见，2010 年之前国家的扶贫开发主要瞄准国贫县，但之后

---

① 详见 1996 年公布的《中共中央、国务院关于尽快解决农村贫困人口温饱问题的决定》、1997 年公布实施的《国家扶贫资金管理办法》、2000 年公布的《财政扶贫资金管理办法（试行）》以及 2011 年公布的《财政扶贫资金管理办法》。

的扶贫瞄准对象更加泛化，因此本书主要关注 2010 年之前的国贫县发展情况。

根据 1986~2010 年的数据测算，国贫县每年县均可以获得扶贫资金投入 3500 万元，占同期县均财政收入的 9.97%。可以发现，国贫县扶贫资金的投入总量和县均扶贫投入在不断增加，到 2010 年已经超过 500 亿元，尽管扶贫资金占地方财政收入的比重呈下降趋势，但其比重最高超过了 35%，最低仍然在 5% 左右，这充分表明了国贫县获得资金支持力度之大。

另一方面，在非资金的扶贫项目和政策优惠方面，东西协作和定点帮扶多以国贫县集中的地区或国贫县为对象，各种劳动力培训转移项目、信贷扶贫资金支持的农业产业化项目、贫困地区的义务教育工程、"一费制"改革、"两免一补"和高招加分等教育政策主要在或从国贫县开始实施。另外还有其他一些产业和税收等优惠政策，包括农业税减免等政策专门针对或优先惠及国贫县。

可见，在现有制度安排下，被认定成为国贫县便意味着本地能够从中央获得大量额外的财政转移支付和政策优惠条件，这对地方政府增加本级财政收入是十分诱人的，因此长久以来，争取和力保国贫县资格成为很多落后区县甚至百强县的政绩目标（匡远配和汪三贵，2012）。

以上国贫县的认定调整和其享受的资金及政策优惠为本书设置自然实验的背景提供了条件，首先，本书可以通过某个区县是否被列入国贫县来区别某个区县是否受到了扶贫开发政策的处理，即可以定义列入国贫县的区县为处理组，其他为控制组；其次，国贫县名单的调整提供了构建反事实情况的必要条件；最后，贫困县调整的不透明性使得很可能列入国贫县名单的并非最贫困的区县，提高了处理组的变异程度和处理分配的随机性，有利于精准识别因果效应。

4.3 识别策略、数据与变量

4.3.1 基于匹配的双重差分法

评估扶贫开发政策的效果需要识别政策实施与发展的因果效应。这种因果推断最直接的方法是比较政策实施引入前后发展水平的变化。这里假设虚拟变量 $p=0$ 表示政策实施（即列入国贫县名单）前，$p=1$ 表示政策实施后。设 Y 表示农民人均年纯收入，Y_0 和 Y_1 分别表示政策实施前后的水平。假设其他因素不变，政策对收入影响的因果效应为 $E(Y_1)-E(Y_0)$，那么可以估计如下方程：

$$Y=\alpha+\beta p+\varepsilon \tag{4-1}$$

对方程（4-1）取条件期望，那么可以得到

$$
\begin{aligned}
& E(Y|p=1)-E(Y|p=0) \\
& = \beta+[E(\varepsilon|p=1)-E(\varepsilon|p=0)] \\
& = \beta+[E(Y_0|p=1)-E(Y_0|p=0)]
\end{aligned} \tag{4-2}
$$

式（4-2）中，E 为期望算子，ε 为误差项。当且仅当不存在其他时间可变因素影响发展水平 Y，系数 β 便可识别政策对发展的影响。反之，如果存在除政策实施之外的其他时间可变因素（如经济危机、税收政策变化等）或区县特定的因素（如地理位置、资源禀赋等）导致发展水平的变化，方程（4-2）的估计就会出现偏差。因此，这种单纯时间序列的差分估计方程会导致严重的遗漏变量问题。

对此，双重差分（DID）可以缓解这种问题，双重差分的主要逻辑是做组内处理前后和组间同期的两次差分，前者可以消除组内个体随时间固定因素的干扰，后者可以排除经济总体冲击的干扰，这样在自然实验的基础上，即就可以估计处理的因果效应。具体而言，考虑如下思想实验：假设可以找到两组样本，其中一组样本受到政策的影响（处理组），另一组样本没有或者受到较小影响（控制组）。令虚拟变量 $d=1$ 表示样本属于处理组，$d=0$ 表示样本属于控制组。那么政策效应为：

$$ATT_{DID}=[E(Y|p=1,d=1)-E(Y|p=0,d=1)]-[E(Y|p=1,d=1)-E(Y|p=0,d=1)] \tag{4-3}$$

具体到本书的情境，可以通过方程（4-4）实现 DID 估计：

$$LogY_{ct}=\alpha+\beta_1(povertycounty_c*after_t)+\beta_2 povertycounty_c+\beta_3 after_t+\lambda\sum Controls_{ct}+\varepsilon_{ct} \tag{4-4}$$

式（4-4）中，下标 c 指代区县，t 为时间。对受到政策扶持的区县来说，$povertycounty_c=1$，反之为 0；如果政策实施的时间为 t，则在 t 年之前的 $after_t=0$，之后的为 1。

这里需要指出的是，以上 DID 方法的应用是在自然实验的情境之上的，即需要满足随机性和同质性[①] 假设条件（陈林和伍海军，2015），或者换句话说，在运用 DID 方法之前，需要检验处理组和控制组在政策实施前的经济发展是否

---

① 随机性是指双重差分研究必须通过随机化排除那些无法控制因素的影响，从而控制所有可能影响实验结果的无关因素。同质性是指实验组和控制组样本除实验者所操纵的实验变项（政策冲击）不同外，其余各方面都应达到近乎相等或完全相似的程度。

有相同的趋势。但与多数评估政策影响的文献一样，本书也很难认为处理的分布，也就是本书中国贫县的认定是随机的，根据认定标准，假设国贫县是经济发展水平最差，自然、经济等方面的资源禀赋都较差的地区，不对这种处理自选择的内生性进行纠正，结果就可能会低估政策效果。

如图 4-1 所示，在"八七"扶贫攻坚计划开始之前，国贫县和非国贫县的农民收入演化趋势并没有显著差异，因此直接利用双重差分可能有效识别政策效果。但为了结论的稳健性，本书进一步试图纠正可能存在的样本选择偏误。鲍姆斯诺等（Baum-snow et al.，2012）、迪朗东和特纳（Duranton and Turner，2012）以及费伯（Faber，2012）在纠正交通基础设施建设的自选择性时将历史铁路线路和地理因素等当作工具变量，但是合理的工具变量往往很难获得。还有的研究利用了断点回归（RD）方法估计局部处理效应来降低处理的自选择效应（毛捷等，2012；Meng，2013），但 RD 方法的假设前提是在断点附近的处理状态无法通过控制相关变量进行人为干预，而本书中国贫县的资格恰恰可以通过数据操纵等手段来获得，现实中这种现象也有极大的可能性存在（匡远配和汪三贵，2012）。

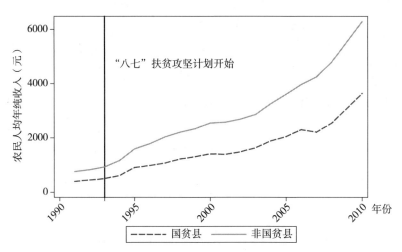

图 4-1　国贫县与非国贫县农民人均年纯收入对比（1990~2010 年）

幸运的是，如果这种选择偏误是基于可观测的变量，例如本书中的区县发展水平和地理等因素，那么本书就可以通过倾向得分值匹配（PSM）方法重新调整处理组和控制组，获得尽可能随机分配的样本，这种方法的优点在于其能控制不可观测但不随时间变化的组间差异，由此降低选择偏误造成的内生性问题。另外，普通回归方法普遍假设自变量和因变量之间存在线性关系，但现实中扶贫开发与经济发展的关系并非必然如此，而 PSM 属于半参数估计方法，并不需要假设线性关系，因此适用性更强。

PSM 方法要求首先估算出每个区县的倾向得分 $P(X)$（即其他特征变量 X 给定的情况下，被认定为国贫县的概率），然后根据这个概率寻找最接近的处理组控制组对进行匹配，将匹配后的控制组作为处理组的反事实情况。在匹配样本满足条件独立分布和共同支撑的假设下，扶贫开发对发展的因果效应即匹配对在共同支撑域的结果变量差的均值，如式（4-5）所示。

$$ATT_{PSM} = E_{P(X)|Dpolicy=1}\{E[Y(1)|povertycounty=1,P(X)] - E[Y(0)|povertycounty=0,P(X)]\}$$

（4-5）

如上所述，PSM 方法需要满足一个重要的假设条件，即决定处理分布的变量都是可观测而且可得的变量，而在国贫县的确定过程中，正如之前指出的，尽管一些原则性的规则是确定且透明的，但其中仍然有很多模糊性的因素[①]，因此利用 PSM 需要克服遗漏变量的困难，如果不可观测的其他因素影响国贫县的认定，匹配结果就不能满足处理外生的独立性假设，则 PSM 的结果就是有偏的。

经过以上分析，本书发现，即使通过控制相关的变量满足同质性假设，国贫县的认定也不能完全满足随机性假设。同时以上的 PSM 估计尽管能缓解样本自选择问题，但却无法克服遗漏变量的困难。因此在此背景下，本书引入结合以上两种方法优点的双重差分倾向得分值匹配（DIDPSM）估计（Heckman et al., 1997)，以便充分利用数据的面板特性来克服自选择和遗漏变量的内生性问题。DIDPSM 的估计量可以用式（4-6）获得：

$$
\begin{aligned}
ATT_{DIDPSM} &= E[(Y_1^T - Y_1^C) - (Y_0^T - Y_0^C) \mid X, D=1_{P(X)|D=1}] \\
&= E[Y_1^T - Y_0^T \mid X_0, D=1] - E[Y_1^C - Y_0^C \mid X_0, D=0]
\end{aligned}
$$

（4-6）

DIDPSM 估计量的主要优点在于其在样本的双重差分基础上进行匹配（Fan, 2010），从而能有效利用面板数据结构，排除非时变和共同因素的干扰，同时有效解决样本自选择引起的内生性问题。

具体到本书中，中国的农村扶贫开发具有连续性，为了避免只有一轮扶贫开发被列为国贫县的样本的干扰，本书将 1993 年和 2001 年两轮国贫县认定中

---

① 例如财政部的研究指出，1986 年确定的国贫县中只有 1/3 的县符合当时农民人均纯收入 150 元的最低标准，而 2011 年的国贫县由各省、区、市自行调整，各省、区、市的具体规则并未公开。

都被列入国贫县名单的区县作为处理组，一直没有列入国贫县名单的作为控制组，排除其中一轮成为国贫县的样本的影响，并将 1993 年作为接受处理时间，1990~1992 年作为处理前时期，1993 年之后作为处理后时期。

4.3.2 合成控制法

本书注意到，2001 年的国贫县调整中部分区县不再作为国贫县接受政策扶持，而又有部分区县进入了国贫县名单，但这些样本数量较少，利用 PSMDID 方法无法保证研究信度。本书利用合成控制法（Abadie and Gardeazabal，2003）有效利用这部分变异。该方法的基本思路是：虽然一般难以寻找和处理组完全类似的对照组，但是本书可以将所有非国贫县按照相关变量构造一个与处理组最接近的对照组作为处理组的反事实样本，然后将其与国贫县进行比较，就可以得出扶贫开发政策的因果效应。该方法的优点在于其是一种非参数方法，而且在构造对照组时充分利用了数据中相关变量信息来决定对照组的组成权重，从而避免了随机性，同时这种方法特别适用于处理组数量较少的情况。基于此，大量研究已经采取了这种方法（王贤彬和聂海峰，2010；Abadie et al.，2012；刘甲炎和范子英，2013）。

具体来看，合成控制法最重要的是要求利用控制组的个体构建一个合理的"合成"处理组，即构建一个对控制组进行加权平均之后与处理组相关特征最一致的个体。其中计算权重的方法是选取相关影响结果的处理前或非时变变量，让这些变量的加权平均与各自对应处理组的变量差别最小，亦即求解以下最优化问题：

$$\omega_k = \arg\min \| X_i - \sum_{k \in K} \omega_k X_k \|$$

$$s.t., \omega_k \in [0,1], \forall k \tag{4-7}$$

$$\sum_k \omega_k = 1$$

式（4-7）中，ω_k 为第 k 个控制组个体的权重，K_i 为用于合成的第 i 个变量，K 为控制组。

获得权重之后，合成个体的收入可以表示为 $Y^{Synth} = \sum \omega_k Y_k$，则处理效应即为：

$$ATT_{SC} = Y_1^T - Y_1^{Synth} \tag{4-8}$$

其统计推断信息可以利用置换法获得。

　　具体到本研究的情境，本书主要利用 2001 年的国贫县调整变动，主要是因为 2011 年之后，扶贫开发政策开始向国贫县以外延伸，而 1993 年的相关数据缺失严重。具体来看，本书一方面可以将新列入国贫县名单的区县与非国贫县进行比较，另一方面还可以比较 2001 年调出国贫县名单的区县与继续作为国贫县受到扶持区县的发展。

4.3.3　数据与变量

　　由于大部分时期内国贫县都是中国扶贫开发政策的主战场，因此本书主要利用 20 世纪 90 年代以来的县级面板数据，具体年限为 1990~2010 年。另外，囿于数据问题，本书选择了覆盖东中西三大板块、少数民族县、山区县、革命老区县以及边境县等特殊区域的河北、内蒙古、江西、贵州和甘肃五省区数据作为基础数据，包括 472 个县级行政区，其中有 170 个区县一直为国贫县，303 个一直为非国贫县。数据来源为相应年份的《中国县域统计年鉴》《中国农村贫困监测报告》以及各省区统计年鉴等。

　　由于农村扶贫开发的根本目标是提高贫困人口收入水平，因此本书选取农民人均年纯收入（*farmerincome*）作为因变量，利用各省区农村消费者价格指数将其调整为 1990 年不变价格，取对数值进入回归。根据国贫县评选的标准，控制变量主要选取了以滞后一期的人均 GDP（*pergdp*）以及人均财政收入（*perfiscalin*）等衡量经济社会发展水平的变量以及是否是少数民族县（*peoplecounty*）、山区县（*mountcounty*）和革命老区县（*revcounty*）等表征政策、自然禀赋和地理条件的变量。在合成控制法的推断中，根据尽量拟合处理前处理组和合成组的原则，本书还加入了 1990 年、1995 年和 2000 年的农民人均年纯收入变量，所有价格变量都调整为 1990 年不变价格。

　　各变量的描述性统计如表 4-3 所示。从发展的平均水平看，近 20 年来中国的农民收入、人均 GDP 和人均财政收入有了大幅提高，但国贫县与非国贫县的差距并没有有效缩小。另外，值得注意的是，到 2010 年，国贫县的人均 GDP 和财政收入指标已经接近甚至超过了非国贫县的最大值，这表明有的国贫县发展已经接近甚至超过了普通区县[1]。

---

　　[1]　参考媒体报道"有多少百强县仍是国家级贫困县？"，http://society.people.com.cn/GB/15731868.html.

表4-3

变量描述行统计

年份	变量	样本数		均值		标准差		最小值		最大值	
		国贫县	非国贫县	国贫县	非国贫县	国贫县	非国贫县	国贫县	非国贫县	国贫县	非国贫县
1990	farmerincome	170	281	388.75	676.57	121.22	255.86	145.00	233.00	711.00	2797.00
	pergdp	168	280	637.11	1302.12	297.98	732.78	270.83	219.83	3059.96	6853.15
	perfiscalin	144	220	43.39	112.11	32.54	129.62	5.74	2.97	243.03	1110.00
2000	farmerincome	170	295	729.92	1358.10	257.57	453.64	293.44	371.09	1447.43	4084.25
	pergdp	170	303	1455.28	3387.32	1102.85	2078.47	245.04	362.21	8231.09	14139.97
	perfiscalin	165	295	74.90	164.57	79.73	191.90	9.26	8.45	590.11	2094.91
2010	farmerincome	170	298	1412.60	2552.49	607.42	874.50	626.85	606.83	3680.43	6729.42
	pergdp	170	303	7093.82	13381.06	12533.50	14634.78	984.31	931.79	112134.80①	108712.80
	perfiscalin	170	303	399.50	670.37	1028.90	998.19	23.58	26.78	10482.49	11303.83
	peoplecounty	170	303	0.48	0.24	0.50	0.43	0	0	1	1
	mountcounty	170	303	0.66	0.24	0.47	0.43	0	0	1	1
	revocounty	170	303	0.15	0.15	0.36	0.35	0	0	1	1

① 此为内蒙古自治区的伊金霍洛旗2010年人均GDP（1990年不变价格）。

4.4 实证研究结果

本书使用双重差分方法利用方程（4-4）对列入国贫县的农民增收效应进行了检验，结果如表4-4所示。第（1）~第（9）列分别为以1990年为基期，1993年之后不同年份[①]作为处理后时期的回归结果。由于国贫县认定会考虑人均GDP、财政收入并对老少边穷地区进行照顾，因此回归控制了相关变量。双重差分项中1994年和2000年之间年份的系数显著为正，而其他年份则并不显著。1994年的系数为正，但不显著，原因可能在于扶贫开发政策，包括以工代赈和各种培训项目等生效有一定的时滞性。1996年和1998年的系数皆显著为正，且略有提高，说明随着时间推移，扶贫开发政策的增收效果逐渐显现，平均而言，排除经济增长因素后，列入国贫县3~5年可以使农民增收超过10个百分点。但2000年以及之后，扶贫开发政策对农民收入的影响却不再显著，可以认为，这段时期我国农村地区脱贫的主要动力来自经济增长而非政策干预。这与帕克和王（Park and Wang，2010）以及张彬斌（2013）等对2001~2010年新时期农村扶贫开发的研究较为一致。其原因可以从多个角度分析。首先，国贫县一般是经济社会发展较为落后的地区，其制度环境也往往并不完善，因此政策实行过程中的资源漏出以及精英俘获问题会严重降低扶贫的精准性（汪三贵等，2004）。其次，在中国的分权式政治激励体制下，地方政府往往更重视短期内GDP的增长，而忽略长期发展（周黎安，2004），从而扶贫开发资源往往被用于进行基础设施建设等硬件条件改善，忽视了对贫困人口人力资本积累以及软环境建设的投资，无法培养农民自身的创收能力。再次，1993年以来，中国的国贫县认定周期约为10年，缺乏动态识别和退出机制，因此入选国贫县名单意味着当地可以享受为期10年的扶贫开发政策扶持，导致从地方政府到贫困人口都没有足够的激励争取"脱贫摘帽"，由此形成对政策和资金等靠要的路径依赖（匡远配和汪三贵，2012），这也可能解释国贫县长期增收效应的消失。最后一个必然存在的原因是，扶贫开发至今已经取得了显著成就，大量贫困人口已经摆脱贫困，剩余的扶贫对象往往脱贫难度最大，这不可避免地导致扶贫政策边际效应递减。

[①] 奇数年与相邻偶数年的结果较为一致，囿于篇幅未做展开，读者可与作者索取详细结果。

表4-4

双重差分结果

考察年份	(1) 1994	(2) 1996	(3) 1998	(4) 2000	(5) 2002	(6) 2004	(7) 2006	(8) 2008	(9) 2010
after	-0.177*** (0.0385)	-0.117*** (0.0437)	0.0131 (0.0438)	0.128*** (0.0393)	0.0957** (0.0438)	0.139*** (0.0477)	0.231*** (0.0546)	0.282*** (0.0613)	0.468*** (0.0585)
povertycounty	-0.230*** (0.0336)	-0.233*** (0.0318)	-0.243*** (0.0297)	-0.213*** (0.0292)	-0.227*** (0.0307)	-0.233*** (0.0298)	-0.239*** (0.0309)	-0.230*** (0.0310)	-0.245*** (0.0301)
双重差分项	0.0635 (0.0432)	0.0921** (0.0412)	0.109*** (0.0386)	-0.00206 (0.0345)	0.00155 (0.0361)	0.0191 (0.0355)	0.0139 (0.0371)	-0.0491 (0.0379)	-0.0277 (0.0359)
lnpergdp	0.344*** (0.0346)	0.342*** (0.0332)	0.317*** (0.0305)	0.374*** (0.0258)	0.383*** (0.0255)	0.373*** (0.0249)	0.345* (0.0263)	0.319*** (0.0267)	0.247*** (0.0244)
lnfiscalin	0.0665*** (0.0212)	0.0705*** (0.0213)	0.0818*** (0.0201)	0.0326* (0.0187)	0.00430 (0.0181)	-0.0146 (0.0166)	-0.00960 (0.0162)	0.0383** (0.0182)	0.0747*** (0.0172)
peoplecounty	0.108*** (0.0223)	0.0838*** (0.0215)	0.0848*** (0.0202)	-0.00409 (0.0190)	-0.0366* (0.0200)	-0.00668 (0.0201)	-0.0109 (0.0212)	0.0467** (0.0228)	0.0122 (0.0196)
mountcounty	-0.166*** (0.0262)	-0.144*** (0.0254)	-0.142*** (0.0239)	-0.152*** (0.0209)	-0.141*** (0.0219)	-0.191*** (0.0215)	-0.214*** (0.0226)	-0.223*** (0.0231)	-0.229*** (0.0217)
revocounty	0.00818 (0.0478)	0.0302 (0.0457)	0.0346 (0.0429)	0.0851*** (0.0277)	0.0902*** (0.0288)	0.102*** (0.0284)	0.103*** (0.0296)	0.0792*** (0.0295)	0.0695** (0.0288)
常数项	3.721*** (0.198)	3.724*** (0.188)	3.848*** (0.171)	3.684*** (0.141)	3.755*** (0.143)	3.907*** (0.137)	4.090*** (0.142)	4.048*** (0.147)	4.414*** (0.125)
样本数	585	586	592	798	811	811	812	718	814
R-squared	0.702	0.734	0.790	0.832	0.823	0.854	0.867	0.881	0.908

注：括号内为异方差稳健标准误，*** $p<0.01$，** $p<0.05$，* $p<0.1$。

控制变量中，滞后一期的人均 GDP 和财政收入都能显著提高农民收入，表明当地的经济发展水平能有效带动扶贫开发。同时，少数民族县和革命老区县的农民收入增长显著高于其他区县，这可能与针对这两种区县的其他扶持性政策相关，而山区县虚拟变量的系数显著为负，表明自然地理条件对农民收入提高的重要性，很多国贫县山大沟深的地理环境严重阻碍了农民增收脱贫。

控制处理期初的异质性是保证双重差分信度的最主要前提（张彬斌，2013），因此本书进一步利用 PSMDID 方法控制国贫县和非国贫县的期初条件差异，保证二者的可比性。使用 PSMDID 方法要求通过共同支撑和平衡性检验，图 4-2 中 A 和 B 分别展示了两个检验的结果。

图 4-2 中 A 图为是否列入国贫县名单的倾向得分值，国贫县的得分值平均高于非国贫县，但大量样本处在二者的共同得分区间，因此保证了足够的共同支撑样本数。B 图为匹配前后控制变量的平衡性检验，可见除 revocounty 变量外，其他变量的国贫县和非国贫县偏差显著降低，可以认为匹配过程通过了平衡性检验。

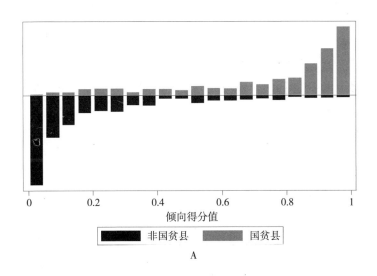

A

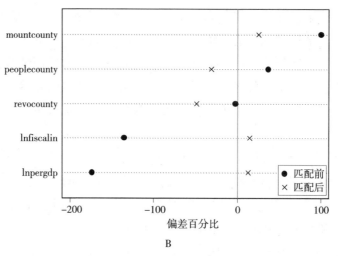

B

图 4-2　PSMDID 检验图

表 4-5 展示了 PSMDID 的结果。其中 2010 年之前的结果与以上 DID 的结果保持了一致,列入国贫县在 3~5 年的短期内增收效果显著,可以提高农民收入超过 30%。但 2000 年及之后这种国贫县的农民收入增长反而开始落后于非国贫县超过 30%,意味着从长期的视角看,某个国贫县如果未被列入国贫县名单,农民收入增长的速度可能更高,扶贫开发政策的干预反而干扰了增长本身的脱贫效应。这进一步印证了之前表明的与国贫县联系的扶贫开发政策可能使其陷入"政策陷阱"(刘瑞明和赵仁杰,2015)的结论,扶贫开发政策执行的弊端、对当地发展的结构性扭曲以及对政策的路径依赖可能解释这种情况。

4.5　稳健性检验

4.5.1　消除波动的检验

为了消除周期波动的干扰,本书取 1998 年、2005 年各年及其前后一年的对应变量取平均值,作为处理后时期分别利用 DID 和 PSMDID 方法进行检验。结果如表 4-6 所示,其中双重差分项的系数符号和显著性与未取平均值时保持一致。到 1998 年,列入国贫县能够显著提高农民收入,但到 2005 年,这种效应已经消失甚至开始阻碍农民增收,进一步证实了结论的稳健性。

表 4-5

PSMDID 结果

	（1）	（2）	（3）	（4）	（5）	（6）	（7）	（8）	（9）
考察年份	1994	1996	1998	2000	2002	2004	2006	2008	2010
after	-0.140**	0.561***	0.788***	0.954***	0.902***	1.184***	0.581***	1.400***	1.564***
	（0.0548）	（0.0741）	（0.0730）	（0.0576）	（0.0540）	（0.0744）	（0.0608）	（0.0836）	（0.0766）
povertycounty	-0.0678	-0.0678*	-0.0678*	-0.0678*	-0.0678*	-0.0678*	-0.0678	-0.0678*	-0.0678*
	（0.0429）	（0.0390）	（0.0380）	（0.0378）	（0.0373）	（0.0388）	（0.0459）	（0.0371）	（0.0389）
双重差分项	0.145	0.338***	0.300***	-0.330***	-0.236***	-0.360***	-0.387***	-0.434***	-0.298***
	（0.140）	（0.0850）	（0.0696）	（0.0680）	（0.0647）	（0.0831）	-0.075	（0.0916）	（0.0852）
常数项	5.980***	5.980***	5.980***	5.980***	5.980***	5.980***	5.980***	5.980***	5.980***
	（0.0316）	（0.0287）	（0.0280）	（0.0279）	（0.0275）	（0.0286）	（0.0338）	（0.0274）	（0.0287）
样本数	445	442	438	554	551	556	552	510	547
R-squared	0.015	0.170	0.343	0.511	0.534	0.584	0.532	0.663	0.757

注：括号内为异方差稳健标准误，*** p<0.01，** p<0.05，* p<0.1。

表 4-6　　　　　　　　　　　　消除波动的检验结果

方法	（1）	（2）	（3）	（4）
	DID	DID	PSMDID	PSMDID
变量	1998	2005	1998	2005
t	0.225*** （0.0692）	0.457*** （0.0607）	0.0160 （0.0707）	0.372*** （0.0615）
povertycounty	−0.227*** （0.0291）	−0.204*** （0.0326）	−0.0836** （0.0388）	−0.0836* （0.0429）
双重差分项	0.0865** （0.0382）	−0.00614 （0.0392）	0.133* （0.0723）	−0.259*** （0.0739）
常数项	3.773*** （0.164）	3.441*** （0.144）	5.996*** （0.0286）	5.996*** （0.0316）
样本数	597	812	447	578
R-squared	0.780	0.724	0.188	0.092

注：括号内为异方差稳健标准误，*** p<0.01、** p<0.05、* p<0.1。

4.5.2　合成控制法检验

以上研究发现，2000 年之后国贫县的农民增收效应明显变差，因此本书进一步利用 2001 年国贫县调整的准自然实验使用合成控制法研究国贫县效应。为了更充分地利用样本信息同时降低可能的异常值影响，本书以江西、贵州和甘肃三省[①]各自新列入的国贫县名单的区县取平均形成三个各省国贫县的处理组，利用各省的非国贫县合成为对照组。具体地，2001 年江西的吉安县、乐安县和万安县，贵州的道真县、江口县、锦屏县和思南县以及甘肃[②]的合水县、两当县、麦积区、宁县、夏河县和镇原县被新列入国贫县名单，因此，本书首先将三省这些区县各总量指标取均值，形成每省一个的三个"平均国贫县"作为处理组，接着进一步将其他对应各省未列入新一轮国贫县名单的区县作为对照组进行合成控制。通过计算，合成的结果如表 4-7 所示。

---

① 内蒙古 2001 年没有加入新国贫县，而河北只有一个国贫县调整且数据缺失较为严重。

② 合作市也是 2001 年新国贫县，但其在 1996 年才成立，数据不足，因此未考虑。

表 4-7 合成国贫县的区县及其权重

省份	江西			贵州				甘肃		
区县	都昌县	彭泽县	其他	万山特区	镇远县	惠水县	黔西县	迭部县	正宁县	秦州区
权重	0.56	0.16	0.28	0.49	0.45	0.04	0.02	0.49	0.26	0.25

　　其中合成指标包括是否是少数民族县、山区县或革命老区县的虚拟变量，人均 GDP，人均财政收入以及 1990 年、1995 年和 2000 年的农民收入以进行充分拟合，各省合成国贫县与实际国贫县和非国贫县的各指标比较如表 4-8 所示。可以看出，实际国贫县与非国贫县的各指标差别明显，但合成国贫县与实际国贫县的对应特征尤其是各处理前时期的农民收入十分接近，可见将合成国贫县当作国贫县反现实情况是合理的。

表 4-8 参加合成变量的拟合与对比

省份	江西			贵州			甘肃		
指标	国贫县	非国贫县	合成	国贫县	非国贫县	合成	国贫县	非国贫县	合成
lnpergdp	7.54	8.57	7.20	6.92	8.21	7.16	7.20	8.60	7.54
lnperfiscalin	4.88	5.76	4.68	4.22	5.28	4.27	4.32	5.51	5.13
peoplecounty	0.00	0.02	0.00	0.50	0.29	0.49	0.17	0.17	0.49
mountcounty	0.33	0.47	0.15	1.00	0.71	1.00	0.50	0.24	0.49
revocounty	1.00	0.44	0.27	0.00	0.03	0.00	0.17	0.02	0.26

　　图 4-3 为实际国贫县与合成国贫县平均农民年纯收入的对比，其中 A~C 分别为江西、贵州和甘肃的情况，可见三省中新列入国贫县的区县并没有显示出显著的农民增收效应，甚至在江西和贵州的新国贫县农民收入增长开始慢于非国贫县，这与之前的结论保持了一致。江西的非国贫县都昌县在合成国贫县时被赋予了最大的权重，意味着其与国贫县特征最为接近，因此本书选其进行合成控制作为安慰剂检验①，结果如图 4-3 中 D 所示，与图 4-3 中 A~C 相比，在 2001 年前后实际农民收入始终与拟合农民收入保持了高度一致性，并没有出现

―――――――――

　　① 即将实际未受处理的样本假设为处理组进行合成控制，检验政策效应是否来自样本共同的非政策因素。

合成样本高于实际样本的偏离。这说明合成控制法很好地拟合了其收入走势，证明了国贫县效应不会提高甚至会降低农民收入的结论并非其他共同偶然因素造成的，这进一步夯实了本书的结论。

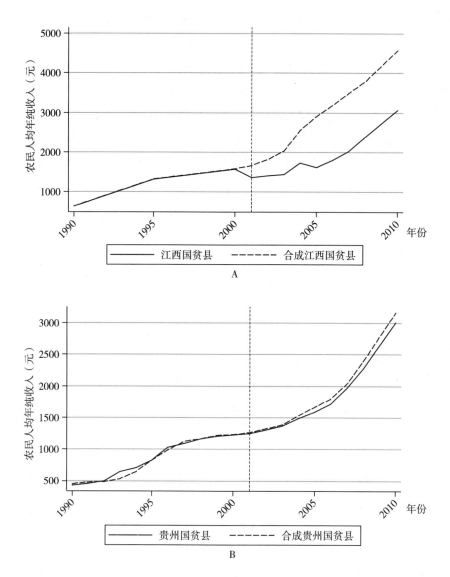

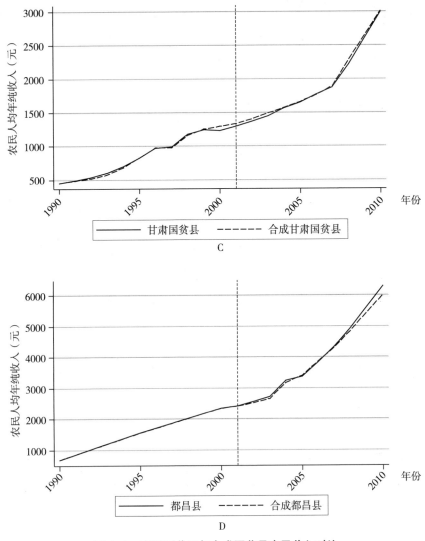

图 4-3　实际国贫县与合成国贫县农民收入对比

4.6　本章小结

扶贫开发政策集中在国贫县实施以及国贫县认定的调整为本书的研究提供了准自然实验的基础情境，基于此，本书利用 PSMDID 和合成控制法，使用河北、内蒙古、江西、贵州和甘肃五省份 1990~2010 年的县域数据考察了国贫县受到的扶贫开发政策扶持在短期和长期内是否有利于农民增收的问题。本书的研究发现，扶贫开发政策短期会显著提高受到扶持的农民收入，但长期来看，10年之后这种增收效应会消失，甚至开始阻碍农民增收，说明扶贫开发政策在长期存在"政策陷阱"效应，这与帕克和王（Park and Wang，2010）以及张彬斌（2013）对2001~2010年新时期农村扶贫开发以及刘瑞明和赵仁杰（2015）对西部大开发的研究结论一致。

扶贫开发对贫困个体瞄准的低效、地方发展的内在激励与扶贫开发目标的失调以及国贫县认定的刚性等原因都可以解释本书的结论，因此克服这种政策陷阱的政策导向也十分明显。首先，如果扶贫开发无法瞄准真正需要外部支持而脱贫的个体，那么资源浪费便在所难免，因此贫困人口的认定需要以其贫困状态为基础，而且要进一步考虑其将外部支持转化为自身素质的能力，由此将资源导向利用效率最高的个体；同时，要避免基层资源分配的"精英俘获"问题，消除相应的制度基础。其次，合理调整国贫县的政绩激励，降低经济增长的考察权重，鼓励发展最有助于农民增收的劳动力密集型产业，同时要严格监督扶贫开发资源的利用，避免擅自改变用途的资源挪用。最后，当前国贫县认定的10年周期是扶贫开发政策陷阱的重要原因，因此缩短认定周期，设立国贫县进入和退出的动态机制势在必行。

囿于数据原因，本书对政策陷阱原因的研究并不明确，相关机制的识别不足，这也是后续研究的方向。另外，作为中国最全面的农村调查数据，全国农村固定观察点调查系统的数据并未在研究领域得到有效利用，希望相关机构能够有条件公布相关数据，并鼓励研究者利用此数据更准确有效地评价中国的扶贫开发政策。

第 5 章　社会资本与扶贫政策有效性

自 1986 年以来，中国政府主导的有计划、有组织和大规模扶贫开发已经进行了 30 年，并取得了显著成效，但政策瞄准不精细导致扶贫资源漏出的问题一直存在，这背后很重要的原因在于微观的扶贫资源分配精准度不够（汪三贵等，2007）。中国的扶贫开发政策是一种自上而下基于地区的非中性发展政策，政策资源在基层分配时自然会流向获取资源能力最强的对象。自然资本、实物资本、人力资本和社会资本都有助于利用外在资源从而提高个体收入（周晔馨和叶静怡，2014），但与前三者不同的是，社会资本难以衡量，从而无法通过目前的贫困识别机制等手段控制其对扶贫精准性的作用。如果社会资本对扶贫开发资源的分配有不可忽视的影响，那么厘清这种影响及其作用机制便显得格外重要（李玉恒等，2016）。本章的目的即研究社会资本扶贫效应的资源俘获机制。

5.1　引言

社会资本概念关注个体与个体间的关系、个体行为的"嵌入性"、个体对社会资源的拥有和动员能力以及个体在社会网络中的位置等方面（周晔馨和叶静怡，2014）。社会资本有助于形成非正式制度，有效地弥补市场缺陷（Bowles and Gintis，2002），还可以帮助个体获得更有利的资源配置（Bian，1997；刘少杰，2004；罗党论和唐清泉，2009），从而有助于提高个体福利水平。

图 5-1 是分别基于 CGSS 2006 样本中贫困人口样本 [①] 做的社会资本和人均家庭收入的散点图以及线性拟合曲线，社会资本与人均收入表现出了明显的正相关关系。

[①]　这样做的考虑是扶贫开发政策瞄准的是贫困人口。

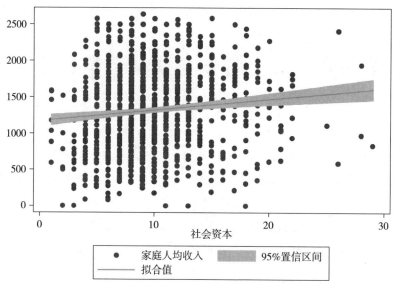

图 5-1　社会资本—调整后人均家庭收入关系

具体来看，葛鲁塔特（Grootaert；1999，2001）以及伍尔科克和那拉扬（Woolcock and Narayan，2000）等认为，社会资本对贫困地区的保障性作用可以作为社会保障和信用体系缺失的补充，尚塔拉特和巴雷特（Chantarat and Barrett，2012）的研究表明，社会资本可以帮助穷人参与金融市场，因此更有利于穷人的发展，张爽等（2007）对中国农村贫困问题的研究也发现，作为一种非市场化力量，社会资本对于减少贫困发生概率的作用会随市场化进程而减弱，亦即制度的完善对社会资本的作用存在一定的挤出效应。但社会资本资源俘获效应的直接研究并不充分，尤其是针对中国农村贫困地区。囿于数据局限等原因，张爽等（2007）以及周晔馨（2012）等都只是从总体上笼统地估计了中国农村地区的社会资本回报率。他们发现，相较于家庭社会资本，社区层面的社会资本的减贫效果更明显，且家庭社会资本的资源分配效应会随着市场化逐渐减弱，但在中国农村扶贫开发的语境下，相关资源并非通过市场化的手段分配，因此已有的研究并不适用，更精细的社会资本资源俘获效应需要进一步研究。

要回答"社会资本是否有利于扶贫开发资源的俘获"这个问题，最直接的研究方法是检验社会资本多的个体是否得到了更多的扶贫资源。大量针对农村地区的研究关注了扶贫资源的"精英俘获"①问题（Galasso et al., 2005；温铁军等，2009；林万龙和杨丛丛，2012；邢成举和李小云，2013；刘西川等，2014；胡联等，2015；温涛等，2016），但其中"精英"的范畴较为多样化，涵盖了经济和权力等维度的定义，而且往往只针对农村互助金等资金要素的分配，多数研究认为，相对富裕或权力较大的个体能够获取更多财政扶贫资源，但对社会资本和综合扶贫开发资源维度的关注较少。

为了弥补以上的研究空白，本书基于中国综合社会调查（Chinese General Social Survey, CGSS）2006 年的农村样本，结合中国扶贫开发政策瞄准国贫县这一独特特征，将国贫县的农村人口作为扶贫开发资源分配的处理组，非国贫县样本作为对照组，在控制了社会资本通过制度完善渠道的作用后，检验家庭层面的社会资本对扶贫资源的俘获效应，同时，基于扶贫资源分配的过程特点，本书将社会资本区分为政府相关和非政府相关以及本地与非本地层面，并进一步检验了社会资本资源俘获效应的异质性。研究结果表明，社会资本可以通过资源俘获渠道有效帮助贫困农民增收和摆脱贫困，同时社会资本丰富的个体对扶贫开发资源的俘获能力也更强，且相较于非政府相关以及非本地社会资本，政府相关和本地社会资本的资源俘获效应更强。利用不同回归形式、样本以及变量的结果与以上结论一致，表明了研究结论的稳健性。

余文安排如下：第二部分是文献综述，第三部分介绍本书的研究背景和假说，第四部分是变量构建和回归模型介绍，第五部分汇报了回归结果，第六部分进一步证明了回归的稳健性，最后是结论和政策启示。

5.2　理论假说

社会资本的积累能够帮助低收入的贫困人口摆脱绝对贫困，但有可能加剧相对贫困②（Grootaert, 1999, 2001；Cleaver, 2005；赵剑治和陆铭，2010；姚毅和王朝明，2010；周晔馨，2012），其主要通过形成非正式制度方面和资源配置两种渠道发挥作用（Bowles and Gintis, 2002；张爽等，2007；李玉恒等，

---

①　指的是精英通过不平等的权力进入资源分配过程，最终获取了大部分的资源收益，导致扶贫资源不能有效抵达贫困人口。邢成举（2014）通过研究案例从制度和理论层面深入分析了中国乡村扶贫资源中"精英俘获"的成因和后果。

②　周晔馨和叶静怡（2014）对社会资本在减轻农村贫困中的作用进行了相对全面的综述。

2016），本研究分别将其称为制度完善效应和资源俘获效应①。

制度完善效应是指社会资本可以在制度缺失时形成非正式制度发挥保障作用，普特南等（Putnam et al.，1993）主张"社会资本是能够通过协调的行动来提高经济效率的网络、信任和规范"，这种定义指出了社会资本的"协调行动"功能，一定程度上与制度的功能相一致（陆铭和李爽，2008）。已有文献对社会资本的制度完善效应进行了相对充分的研究，证明了社会资本在劳动力和金融市场的制度替代性作用（Knight and Yueh，2002；Minshi and Rosenweig，2009；Chantarat and Barrett，2012；边燕杰等，2012；郭云南和姚洋，2013），但随着市场化程度的不断完善，这种制度完善效应可能会逐渐减弱（张爽等，2007；周晔馨和叶静怡，2014）。

资源俘获效应是指社会资本有利于个体获得更多资源，从而提高自身福利水平（Grootaert，1999；Knight and Yueh，2002），这种作用并不直接受制度完善与否的影响。尤其是存在资源约束的情况下，社会资本多的个体往往可以通过声誉机制，获得被"举荐"的机会（Kugler，2003），强化行为主体获得资源的能力，从而从有限的资源中获得相对多的份额。而关于社会资本的资源俘获效应，已有研究鲜有直接涉猎，这构成了本书的主要研究问题。

具体到本书研究的中国农村扶贫开发背景，政府主导的项目制、参与式扶贫和强调扶贫到村到户的精准扶贫是政策的重要特点②，正是这些特点为社会资本在资源分配中发挥作用提供了必要条件，并可能导致扶贫开发资源的"精英俘获"。扶贫开发的资金和项目主要来源于中央和省一级政府部门③，这些政策资源需要逐级下拨直到村庄或者农户。同时，大量扶贫开发资源在落地时采取了项目制的形式，并鼓励本村村民进行"参与式扶贫"，由地方确定发展符合自身的扶贫开发项目，这打破了原有单位制的科层体制束缚，但其又面临着一个更大的问题，就是国家规定的"一事一议""专款专项"原则无法解决扶贫开发本身的地方性问题（渠敬东，2012）。这种矛盾导致项目实施必须要本地化以保

---

① 这里给出两种效应的辨析举例：一个农民跟某乡镇干部关系好，从这个干部这里得到了高收入工作的机会。此乡镇干部充当了就业中介组织（就业中介组织是市场经济体制中的正式制度）的作用，故此情形下的社会资本发挥的是制度完善作用；但是，乡镇干部掌握的高收入工作机会，并不是公开、公平地提供给所有村民，故此情形下的社会资本发挥的又是资源俘获作用。

② 参考"中国农村扶贫开发的新进展"，http://www.scio.gov.cn/zxbd/tt/Document/1048386/1048386.htm。

③ 根据《2011年中国农村贫困监测报告》，2010年国贫县获得的中央和省级扶贫资金占总扶贫资金投入的68.71%。

证其与当地实际情况的对接。而直到今天，尤其在贫困地区，在村庄政治中的话语权与经济地位直接相关，这种事实导致农村治理权力集中在精英阶层，参与式扶贫的基础前提无法成立，因此这些资源的分配到村一级时往往需要依赖精英治理。这进一步导致当前已得到学界共识的农村治理内卷化特征（周常春等，2016）。

进入 21 世纪以来，国家扶贫开发政策落地主要采取两种形式，一是直接分配到户的相关转移支付和政策倾斜，二是以村为单位的整村推进项目，其共同点是都要求广泛征求村民，尤其是贫困人口意见，因此社会资本可能会以不同的形式产生影响。具体来看，前者的落地主要基于识别贫困户的建档立卡过程，贫困户识别的村民参与性强，决策过程也相对透明。这个过程往往包括农户申请和村民民主表决的过程①，在收入水平都符合贫困标准的前提下，社会资本多的个体能获得更多选票，从而提高有更高的资源俘获能力。如图 5-2 所示，后者要求贫困村制定参与式村级扶贫开发规划，并以此为基础广泛征求村民意见，最终确定村级扶贫项目的内容。但在实际操作中很难真正落实，导致项目短期化，无法让真正的贫困人群受益。一些研究认为，其中的原因是决策者对规模偏好的追求以及村干部作为"谋利型政权经营者"意志的体现（马良灿，2013），但应该看到，社会资本可能在其中发挥作用。一方面，尽管大量贫困人口不能直接参与规划制定和项目选择，但在其意见征求过程中，社会资本多的个体可以动员更多人做出有利于自身的决策；另一方面，社会资本有助于个体获得更充分的信息，在扶贫项目信息主要通过村干部与村民以及村民之间谈话等非正式渠道进行的情况下（邢成举和李小云，2013），信息更充分的个体可以在促使整村选择最有利于自身利益的过程中具有先动优势。

可见，在我国基层扶贫开发资源分配的微观机制中，社会资本能够产生重要作用。在此基础上，本书提出如下研究假说。

---

① 以辽宁省某村的建档立卡流程为例，村两委（支委和村委）班子先将贫困人口指标分解到 5 个村民小组，由各村民小组提名推荐，报村两委班子审核；村两委班子组织召开村民代表大会，宣读贫困户名单，介绍贫困户情况，然后由村民代表提意见；最后村民代表举手表决，签字确认，进行第一次公示。

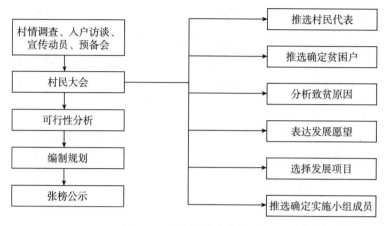

图 5-2 整村推进规划流程

资料来源：国家乡村振兴局。

假说一：相对于非国贫县，在其他因素一定的情况下，国贫县个体的社会资本回报率更高。中国扶贫开发的政策资源多数都投向了国贫县，因此相对于非国贫县，国贫县的贫困人口可以争取扶贫开发项目收益和直接转移支付等额外的脱贫机会，而这些扶贫机会的微观分配机制使得社会资本越高的国贫县贫困人口能够获得更大的份额，亦即社会资本的资源俘获效应被加强，进而提高其社会资本回报率。

假说二：相对于其他社会资本，与地方干部和本村村民关系越紧密的贫困人口社会资本回报率越高。当前基层扶贫开发资源的分配决策主体主要为村委会及其组织的村民小组通过意见征集和民主投票等方式进行，而这些过程的参与权往往局限于本地村干部和村民，因此与地方干部以及本村村民关系的亲疏在个体争取资源的过程中作用理应更显著。

5.3 数据来源与变量

5.3.1 数据来源

本书主要利用了反映 2005 年情况 CGSS 2006 年调研数据中的农村样本，调查整体应答率为 60.4%。利用此数据主要基于三点考虑：第一，相对于同类型其他微观调查数据库，CGSS 的样本不仅包含了家庭收入，家庭成员数量和结

构，受教育水平、年龄和政治身份、家庭社会交往情况等关键变量，而且样本
分布的省区覆盖率最广（Zhang et al., 2014），能够有效代表全国的状况；第二，
更重要的是，CGSS 早期公布的 2006 年调研数据中地理信息公开到了区县层面，
这使得本书可以将样本区分为国贫县和非国贫县样本，并能控制宏观制度变量，
从而能进一步评估社会资本对资源分配结果的影响；第三，CGSS 调查样本涵盖
了城乡地区，但尽管国贫县是组织基层扶贫开发的基本单位，由于中国的扶贫
开发政策针对和相关资源流向的都是农村地区，因此本书只利用了其中的农村
样本。另外，市场化水平数据利用了樊纲等（2006）编制的 2004 年各省、区、
市市场化指数，县人均 GDP 数据来源于相应各省、区、市的 2005 年统计年鉴。

对样本进行异常值和空值剔除后，本书利用的农村样本一共 4037 个，样本
分布覆盖了 24 个省级行政区、76 个区县，其中包括 15 个国贫县[①] 的 1051 个个
体样本，占总样本数的 18.34%，接近于总体区县抽样比例，对总体具有较强的
代表性，这为我们研究国贫县特定的贫困特征提供了基础。

5.3.2　变量构建

5.3.2.1　贫困的度量

本书定义是否处于绝对贫困的虚拟变量 *poverty* 作为主要因变量，其中家庭
人均收入低于贫困线的个体取值为 1，否则为 0。计算此虚拟变量需要明确衡量
福利的指标以及贫困标准。如图 5-3 所示，本章利用第 3 章提出的方法测算了
各省级行政区的城镇和农村贫困线，并利用经过家庭等值规模调整后的人均家
庭收入对比相应的贫困线获得每个个体的贫困虚拟变量。

图 5-3 即为调整后的各省、区、市农村贫困线水平，各省、区、市 之间存
在较大的差别。其中重庆市物价水平最低，世界银行贫困线为 1116 元，中国贫
困线为 1602 元，北京市最高，前者为 2175 元，后者 3121 元，为重庆市的近两
倍。国家平均水平为前者 1362 元，后者 1954 元。

---

① 根据《中国农村扶贫开发纲要（2001–2010）》设定的国贫县名单定义。

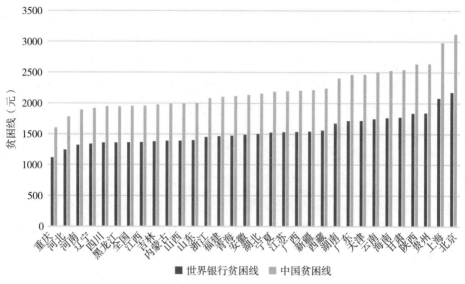

图 5-3　2005 年各省、区、市贫困线水平

5.3.2.2　社会资本的度量

近些年大量学者利用 CGSS 数据研究了社会资本相关的问题（方黎明和谢远涛，2013；虢超和丁建军，2014），他们衡量社会资本的方法多数利用了春节拜年的相关问题，而 CGSS 2006 的农村样本中涉及社会资本的问题为"您家与下列各类人员打交道的频繁程度：本村人、外村人、城里人、村干部、乡镇干部、县级以上干部、城里的亲戚朋友、专业技术人员、国有或集体企业领导、国有或集体企业管理人员、私有企业老板以及私有企业管理人员"，针对每一类人员需要从"经常""有时""很少""从不"以及"不适用"四个选项中选择。依据林等（Lin et al.，2001）提出的社会网络具有广泛性、异质性、达高性的特点，结合研究背景，本书重点考虑社会资本的绝对规模、与政府的相关程度以及本地化程度。

第一，考虑广泛性。本书从联系频繁程度由强及弱将每个问题前四个答案选项分别赋值为 3、2、1 和 0，并将"不适用"赋值为 0，将每个家庭所有各类人员的答案赋值加总作为社会资本的绝对规模衡量指标，取值越大，表示社会资本规模越大。这样利用不同问题答案赋值加总来度量社会资本可以提高度量的稳健性，并能减轻社会资本与个体收入之间的内生性（张爽等，2007）。

第二，考虑异质性和达高性。由于扶贫开发资源的分配涉及村委会组织的民主投票过程，利益相关的政府干部以及本村村民在其中扮演重要角色，因此本书在此将社会资本的政府相关性和本地化作为异质性和达高性的维度。具体将村干部、乡镇干部和县级以上干部的问题赋值加总作为政府相关社会资本，其余作为非政府相关社会资本，将本村人和村干部加总作为本地化社会资本，其余为非本地化社会资本，最后将村干部和乡镇干部加总作为本地化政府相关资本。

5.3.2.3　交叉项的构建

中国的扶贫开发资源主要投向的是国贫县，与非国贫县相比，国贫县获得了更多由非市场力量分配的资源。2005 年，全国所有国贫县扶贫资金占比超过了国贫县地方财政预算内收入的 64%，占总财政收入超过 28%[①]，可见扶贫开发资源的倾斜对国贫县的重要性。

基于此，为了考察社会资本对资源的俘获作用，借鉴随机试验的概念，本书将国贫县样本作为获得扶贫开发资源的处理组，非国贫县作为控制组。一方面，构建各类社会资本与是否居住在国贫县虚拟变量的交叉项加入回归，检验社会资本是否会通过俘获额外的扶贫开发资源提高其回报率；另一方面，为了控制社会资本通过制度完善的渠道对贫困概率或个体收入造成影响，文章参考罗娜·塔斯（Rona Tas，1994）、奈特和岳（Knight and Yueh，2002）以及张爽等（2007）对社会资本回报率随市场化水平变化的研究，回归中进一步加入社会资本与制度发展水平的交叉项，其中分别使用所在省区的市场化指数和所在县的人均国民生产总值作为制度发展水平的代理。

5.3.2.4　其他控制变量

依据收入文献的惯例，本书在回归中加入了人力资本、实物资本、宏观环境和制度条件四类控制变量。研究中涉及的变量简称和含义如表 5-1 所示。

表 5-1　　　　　　　　　　　　变量含义描述

变量	简称	含义
因变量	*poverty*	是否贫困，贫困取值为 1，否则为 0
	aperincome	等值规模调整后人均家庭收入，单位元，回归时取对数

[①]　数据来源为《2006 年中国农村贫困监测报告》。

变量	简称	含义
社会资本	sc	社会资本
	scgov	政府相关社会资本
	scngov	非政府相关社会资本
	sclgov1	本地政府相关社会资本
	sclocal	本地社会资本
	scnlocal	非本地社会资本
社会资本国贫县交叉项	sc*_povertycounty	社会资本与国贫县虚拟变量交叉项，*代表资本类型
社会资本制度水平交叉项	sc*_market	社会资本与市场化水平交叉项，*代表资本类型
	sc*_lnpergdp	社会资本与经济发展水平交叉项，*代表资本类型
人力资本	edu	受教育年限
	age	年龄
	age2	年龄平方项
	male	是否男性，是取值为1，否则为0
	job	是否有工作，是取值为1，否则为0
	religion	是否是教徒，是取值为1，否则为0
	party	是否是党员，是取值为1，否则为0
	marriage	是否已婚，是取值为1，否则为0
	business	是否务工经商，是取值为1，否则为0
	health	自评健康得分，取值为1~4的整数，数值越大越不健康
	training	是否接受过培训，是取值为1，否则为0
实物资本	land	人均家庭承包土地亩数，单位亩
宏观环境	pergdp	所在县2004年人均GDP，单位元，回归时取对数
制度条件	market	所在省区2004年市场化指数，数据来源为樊纲等（2006）

5.3.3 变量描述

变量的描述性统计结果见表5-2。其中国贫县样本占总样本数量的26%，其调整后人均家庭收入显著低于非国贫县，以2300元/年的贫困线计算，全国贫困率为 28.9%，国贫县的贫困率为 35.5%，高出非国贫县约 9 个百分点。国贫县与非国贫县的社会资本均值尽管略有差别，但并不明显。国贫县样本的人力资本各变量均值多数略低于非国贫县样本，而人均 GDP 和市场化水平则大大落后于后者。

表 5-2　　　　　　　　　　变量描述性统计

变量	非国贫县					国贫县				
	样本数	均值	标准差	最小值	最大值	样本数	均值	标准差	最小值	最大值
poverty	2986	0.266	0.442	0	1	1051	0.355	0.479	0	1
aperincome	2846	5939	18756	0	904545	1025	3960	4144	0	61111
sc	2986	11.43	4.863	0	36	1051	10.86	4.583	1	28
scgov	2986	2.833	1.819	0	9	1051	2.758	1.829	0	9
scngov	2986	8.596	3.678	0	27	1051	8.107	3.328	1	22
sclgov1	2986	2.472	1.454	0	6	1051	2.445	1.447	0	6
sclocal	2986	4.518	1.003	0	6	1051	4.505	0.918	1	6
scnlocal	2986	6.911	4.409	0	30	1051	6.360	4.097	0	22
edu	2488	7.166	2.757	1	17	829	6.569	2.731	1	17
age	2986	43.97	12.70	18	70	1051	42.37	12.40	18	70
male	2986	0.483	0.500	0	1	1051	0.480	0.500	0	1
job	2986	0.815	0.388	0	1	1051	0.912	0.283	0	1
religion	2986	0.169	0.375	0	1	1051	0.0685	0.253	0	1
party	2986	0.0707	0.256	0	1	1051	0.0571	0.232	0	1
marriage	2986	0.874	0.331	0	1	1051	0.870	0.337	0	1
business	2986	0.192	0.394	0	1	1051	0.171	0.377	0	1
health	2986	2.071	0.671	1	4	1051	2.130	0.676	1	4
training	2986	0.116	0.321	0	1	1051	0.111	0.315	0	1
land	2986	2.212	3.811	0	53.33	1049	2.080	2.353	0	25.25
pergdp	2986	9118	6142	2220	47658	1051	3731	1234	2248	7987
market	2986	6.908	1.527	3.950	9.770	1051	5.498	0.739	4.170	6.380

5.4 经验研究结果

5.4.1 直观探讨与回归模型

为了直观地展示社会资本与收入的关系，本书首先做了二者的散点图并加入了线性拟合曲线，如图 5-4 所示。

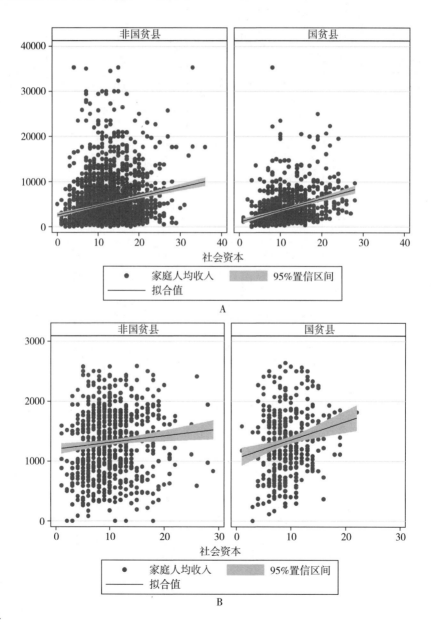

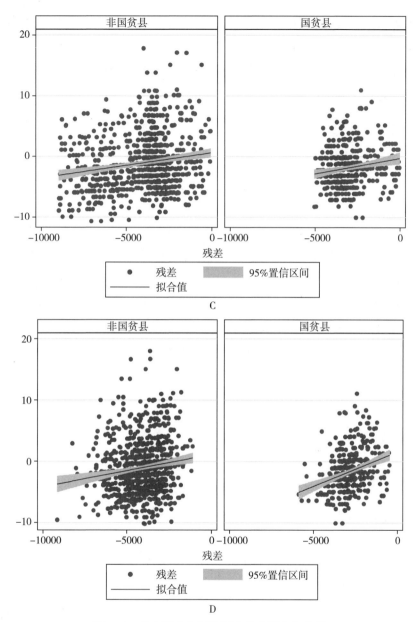

图 5-4 社会资本与调整后人均家庭收入关系

注：A 是为了避免极端值干扰删除收入最高 1% 样本后的结果，B 为贫困人口样本的结果，C 和 D 分别为以市场化水平和人均 GDP 作为制度水平代理变量并加以控制后的结果。

从图 5-4 的四个图中可以看出，无论是国贫县、非国贫县，贫困人口还是非贫困人口样本，社会资本与收入都呈现出明显的正相关性，而且进一步考察可以发现，国贫县样本中二者的斜率大于非国贫县样本，且控制了制度水平之后这种关系仍然如此，这初步表明了社会资本资源俘获效应的重要性。

以此为基础，本书进一步利用计量模型检验两个假说。

由于是否贫困的因变量是二值变量，因此考察社会资本对陷入贫困概率的影响时本书采用 Logit 模型，具体如式（5-1）所示：

$$\text{Logit}(poverty_i) = \ln(\frac{P_i(poverty=1)}{P_i(poverty=0)}) = \beta_0 + \beta_1 social_i + \beta_2 povertycounty_k + \beta_3 institution_k$$

$$+ \beta_4 social_i \_ povertycounty_k + \beta_5 social_i \_ institution_k + \beta_6 X_i + \beta_7 X_k + \varepsilon_i \qquad (5\text{-}1)$$

式（5-1）中，$\frac{P(poverty=1)}{P(poverty=0)}$ 代表个体陷入贫困与未陷入贫困概率之比，比值越大个体越容易陷入贫困。下标 i 和 k 分别表示家庭和所在区县序号，β 为回归系数，$social$ 为社会资本，$povertycounty$ 为表明观测值是否居住在国贫县的虚拟变量，是取值为 1，否则为 0，下画线表示交叉项，$institution$ 表示样本所在地区的制度水平，X 为表示表 5-2 中所列控制变量的向量，ε 为残差项。同时，为了消除可能存在的遗漏变量问题，主要的回归结果都加入了省区虚拟变量控制省区固定效应，为了消除一省区的自相关，所有回归都利用了聚类于省区层面的标准误考察显著性。

5.4.2　基本结果

本章首先对假说一进行验证，利用方程（5-1）的基本回归结果如表 5-3 所示。

第（1）列的回归中未加入任何控制变量，社会资本、国贫县虚拟变量及其交叉项的系数都显著不为零，且系数符合预期，表明社会资本会显著降低贫困概率，且国贫县的村民社会资本的脱贫作用更加显著，而居住在国贫县会显著提高陷入贫困的概率。

第（2）列的回归控制了市场化水平及其与社会资本的交叉项，以控制社会资本发挥作用的制度完善渠道，同时控制了省区固定效应。此时社会资本和市场化的系数为正，但并不显著，国贫县及其与社会资本的交叉项系数方向与之前一致且仍然显著，社会资本与市场化水平交叉项的系数显著为负，这表明非国贫县社会资本发挥作用的渠道主要为制度完善效应，且市场化本身并不能直接降低贫困率。第（3）列加入了控制变量，但未加入社会资本与市场化水平交叉项，此时社会资本和市场化程度系数变得显著为负，进一步证实了以上观点。相对而言，在控制制度完善效应后，国贫县村民的社会资本仍然会通过资源俘获机制发挥较强的脱贫效应 [1]。

前两列回归未加入个体和宏观可能影响收入且与社会资本相关的控制变量，因此为了尽量消除遗漏变量的影响，第（3）~ 第（6）列都加入了控制变量。其中由于样本中教育水平的变量缺失较多，第（4）~ 第（5）列分别为未加受教育年限变量和加入之后的回归，系数的符号和显著性程度以及量级都没有发生明显变化，这表明加入教育变量后导致的样本量减少并没有影响结果。第（6）列利用了二值回归另外一种常用的 Probit 回归模型，各变量的符号和显著性水平保持了一致，表明方程（5-1）的结果并不受回归形式的影响。因此这里主要考察第（5）列的回归结果。

第（5）列社会资本与国贫县虚拟变量交叉项系数显著为负值，系数为 –0.07，说明社会资本在国贫县的脱贫作用更加显著，亦即在其他相关因素相同的情况下，社会资本每提高一个单位，国贫县样本贫困与非贫困发生比会比非国贫县样本多降低约 7%[2]。这表明了假说一的成立，可以认为，排除制度完善的效应后，社会资本会通过资源俘获效应显著降低贫困发生率。

另外，社会资本与市场化水平交叉项的系数同样显著为负，这表明社会资本的减贫效应会随着市场化水平的提高增强，这与奈特和岳（Knight and Yueh，2002）一致支持了罗娜·塔斯（Rona Tas，1994）提出的"权力持续 / 精英循环"论，但不支持"权力转移 / 精英再生"论（张爽等，2007）。其他控制变量的系数表明教育水平、实物资本、非农工作、培训以及所在县的经济发展水平会显著降低贫困发生概率，而男性和自评健康水平则会提高贫困概率，这可能与家庭结构和自评健康的内生性有关。

---

① 　这里可能存在国贫县村民的社会资本可能俘获非扶贫开发资源的竞争性假说。值得强调的是，文章识别的基础是由于国贫县排他地享受扶贫开发政策，那么其他可供俘获的资源条件类似时，国贫县比非国贫县可供俘获的资源就更丰富，从而可以成为社会资本资源俘获的对象，并提高回报率。中国的农村政策没有专门优待非贫困县，因此本书默认非扶贫相关的资源在两组样本中不存在显著差异。退一步说，即使一般观点认为非国贫县可能有更多的公共工程和工作机会这样的资源供俘获，在国贫县社会资本回报率更高的情况下，我们反而可能低估了社会资本对扶贫开发资源的俘获效应，如果纠正这种偏差，将加强本书的结论。进一步地，表 5-5 分位数回归表明，只有国贫县中等偏下收入人群社会资本的资源俘获效应显著高于非国贫县，一定程度上排除了本书情境下这种竞争性假说的可能性。

② 　经过换算后似然比的系数为 0.93。

表 5-3　　　　　　　　　　社会资本资源俘获效应的基本估计结果

解释变量	（1）Logit	（2）Logit	（3）Logit	（4）Logit	（5）Logit	（6）Probit
	被解释变量：是否贫困的虚拟变量					
sc	−0.077*** （0.017）	0.078 （0.061）	−0.064*** （0.016）	0.075 （0.061）	0.095 （0.062）	0.054 （0.036）
povertycounty	0.973*** （0.240）	0.993*** （0.252）	0.030 （0.308）	0.588*** （0.195）	0.286 （0.241）	0.218 （0.148）
sc_povertycounty	−0.058* （0.030）	−0.092*** （0.028）	−0.047* （0.027）	−0.088*** （0.024）	−0.070*** （0.025）	−0.045*** （0.015）
sc_market		−0.0234*** （0.009）		−0.020** （0.009）	−0.024*** （0.008）	−0.014*** （0.005）
market		0.068 （0.134）	−0.279*** （0.035）	0.036 （0.128）	0.065 （0.133）	0.039 （0.072）
edu			−0.117*** （0.022）		−0.115*** （0.022）	−0.067*** （0.012）
age			−0.002 （0.029）	−0.007 （0.025）	0.001 （0.029）	−0.000 （0.017）
age2			0.000 （0.000）	0.002 （0.000）	0.000 （0.000）	0.000 （0.000）
male			0.494*** （0.103）	0.287*** （0.081）	0.485*** （0.102）	0.279*** （0.059）
job			−0.029 （0.146）	−0.026 （0.102）	−0.015 （0.139）	−0.010 （0.078）
religion			−0.210 （0.167）	−0.223* （0.115）	−0.189 （0.170）	−0.094 （0.101）
party			−0.250 （0.241）	−0.502** （0.237）	−0.254 （0.243）	−0.109 （0.131）
marriage			−0.018 （0.200）	0.008 （0.170）	−0.031 （0.202）	−0.021 （0.115）

续表

解释变量	（1）	（2）	（3）	（4）	（5）	（6）
	Logit	Logit	Logit	Logit	Logit	Probit
	被解释变量：是否贫困的虚拟变量					
land			−0.198*** （0.069）	−0.179*** （0.061）	−0.199*** （0.069）	−0.088*** （0.034）
business			−0.360*** （0.134）	−0.360*** （0.138）	−0.362*** （0.132）	−0.196** （0.077）
health			0.173*** （0.063）	0.220*** （0.068）	0.166*** （0.063）	0.097*** （0.037）
lnpergdp			−0.543*** （0.199）	−0.531*** （0.187）	−0.512** （0.200）	−0.306*** （0.114）
training			−0.487*** （0.172）	−0.673*** （0.152）	−0.499*** （0.174）	−0.272*** （0.099）
常数项	−0.166 （0.148）	−0.910 （0.914）	6.997*** （2.116）	3.930* （2.231）	4.439* （2.381）	2.592* （1.327）
省区固定效应	否	是	是	是	是	是
样本数	4037	4017	3297	4015	3297	3297

注：本表所报告的是回归系数，括号内为聚类于省区层面的标准误，*** $p<0.01$、** $p<0.05$、* $p<0.1$。本章后续回归表格同此注。

5.4.3　机制分析

以上初步证实了社会资本的资源俘获效应，在此基础上进一步考察扶贫开发资源的分配机制会发现，乡村的基层民主在其中起主导作用，而当地干部和本村村民是这个过程的主要参与者，因此本书推断与地方干部和本地村民相关的社会资本对扶贫开发资源俘获的影响会强于非地方干部和非本地化的社会资本。本书通过定义不同类型的社会资本加入回归对假说二进行检验。回归结果如表 5-4 所示。

表 5-4 社会资本资源俘获效应的异质性估计结果

解释变量	（1）Logit	（2）Logit	（3）Logit	（4）Logit	（5）Logit
	被解释变量：*poverty*				
scgov	0.218 （0.153）				
scgov_povertycounty	−0.137** （0.063）				
scgov_market	−0.042** （0.021）				
scngov		0.113 （0.081）			
scngov_povertycounty		−0.097*** （0.032）			
scngov_market		−0.032*** （0.011）			
sclgov1			0.262 （0.208）		
sclgov1_povertycounty			−0.155* （0.082）		
sclgov1_market			−0.052* （0.023）		
sclocal				0.157 （0.235）	
sclocal_povertycounty				−0.218* （0.115）	
sclocal_market				−0.037 （0.033）	
scnlocal					0.115 （0.097）

续表

解释变量	（1）	（2）	（3）	（4）	（5）
	Logit	Logit	Logit	Logit	Logit
	被解释变量：*poverty*				
scnlocal_povertycounty					−0.079*** （0.026）
scnlocal_market					−0.029*** （0.009）
常数项	5.089** （2.151）	4.743* （2.506）	5.016** （2.132）	4.958** （2.228）	4.835** （2.384）
控制变量	是	是	是	是	是
省区固定效应	是	是	是	是	是
样本数	3297	3297	3297	3297	3297

注：所有回归都加入了表 5-3 中第（4）列回归的控制变量，但囿于篇幅所限，省略了具体系数的汇报。

表 5-4 中的回归皆控制了制度完善效应以及其他控制变量，第（1）～第（5）列社会资本的类型分别为政府相关、非政府相关、本地政府相关、本地化以及非本地化社会资本，各种类型的社会资本自身系数都变得不显著，这进一步验证了社会资本的制度完善效应在非国贫县脱贫过程中的重要性。而社会资本与国贫县虚拟变量和市场化水平变量交叉项的系数基本都显著为负，与基本回归的结果保持了一致性。此处本书感兴趣的是不同社会资本与国贫县虚拟变量交叉项的系数大小比较。

比较前两列的社会资本国贫县交叉项系数可以发现，第（1）列的系数大于第（2）列，表明政府相关的社会资本对扶贫开发资源的俘获效应强于非政府相关的扶贫开发资源，这与资源分配由地方政府组织有关，不管是从前文所述的资源信息传递（邢成举和李小云，2013）还是乡村治理的内卷化现状（周常春等，2016）角度看，与控制扶贫资源的政府干部关系越密切，能够获得扶贫支持的可能性也越大。考虑到治理影响距离局限，第（3）列进一步排除将政府相关社会资本中与县级以上干部的关系，将定义缩小至村干部和乡镇干部，发现本地政府相关社会资本与国贫县交叉项系数仍然显著为负，且绝对值大于第（1）列，这表明村镇政府干部对基层扶贫资源分配的影响力更大，与其关系亲疏相关的社会资本影响较大。

由于一村的民主决策主要由本村村民参与，因此第（4）~第（5）列比较了本地化社会资本与非本地化社会资本的资源俘获效应。前者的系数为 −0.218，绝对值显著大于后者的 −0.079，换算之后即国贫县样本的本地化社会资本每增加一个单位，贫困与非贫困发生比会降低 19.6%，而非本地化社会资本的影响则只有 7.6%。体现了社会资本"远亲不如近邻"的地理局限性。

综合看来，对社会资本资源俘获效应的异质性检验支持假说二。

5.5 稳健性检验

5.5.1 内生性问题的讨论

一方面，实际研究中社会资本作用的估计也可能存在内生性（Durlauf，2002；陈云松和范晓光，2011）。影响收入和社会资本的遗漏变量会造成回归系数的偏误，同时社会资本可能存在自选择效应（Mouw，2003），由于建立或维持某种关系需要成本，因此收入越高或非贫困个体的社会资本可能也越多，造成"物以类聚，人以群分"的结果。大量使用截面数据的研究利用工具变量消除社会资本可能的内生性[①]，本书尝试了已有文献利用过的兄弟姐妹数量（孙三百，2013）、婚姻状况（叶静怡和周晔馨，2010）以及父母特征（章元和陆铭，2009）等作为工具变量，但与多数以往研究一致（叶静怡和武玲蔚，2014），并不能有效排除工具变量与误差项的相关关系。

但另一方面，朱列蒂等（Giulietti et al.，2011）认为，以社会网络的联系频率衡量的社会资本并不具有自选择的内生性，这恰恰是本书度量社会资本的方法，而且章元和陆铭（2009）、叶静怡和周晔馨（2010）以及叶静怡和武玲蔚（2014）也发现控制相关变量后，社会资本不存在统计显著的内生性，应该采用 OLS 的回归结果。

基于此，本书从三个方面试图消除回归中的内生性问题。首先，回归中加

---

① 陈云松和范晓光（2011）对此进行了综述。

入多个维度的控制变量解决遗漏变量问题，同时控制了省区固定效应；CGSS 数据提供了丰富的个体相关的变量，针对可能的遗漏因素，本书都加入了相应控制变量，同时，由于各省区的发展政策、地理区位等宏观经济变量可能也是遗漏变量，因此同时加入了省区固定效应。其次，将宏观环境和制度条件变量取滞后一期加入回归，人均 GDP 和市场化程度与收入高度相关，因此本书取2004 年的人均 GDP 和市场化水平进入回归以消除其内生性。最后，本书度量社会资本采用了不同选项答案加总构造指数的方法，各指数组分涵盖了各类人群，且多种关系例如与本村人、外村人以及城里的亲戚朋友等的关系并不取决于收入，不存在自选择性，因此可以降低社会资本的内生性（周晔馨，2012）。

5.5.2 对结论进一步的验证

由于扶贫开发资源的受益者应当主要是贫困人口，同时贫困发生率降低的主要来源为贫困人口的脱贫，本书推断社会资本的资源俘获效应可能对低收入群体更加明显，因此本书进一步使用以调整后人均家庭收入对数值为因变量的OLS 回归对结论进行稳健性检验。回归方程如式（5-2）：

$$\ln aperincome = \beta_0 + \beta_1 social_i + \beta_2 povertycounty_k + \beta_3 institution_k$$
$$+\beta_4 social_i \_ povertycounty_k + \beta_5 social_i \_ institution_k + \beta_6 X_i + \beta_7 X_k + \varepsilon_i \quad (5\text{-}2)$$

基于方程（5-2），本书首先进行了不同收入分位数的 OLS 结果，结果如表5-5 所示。从不同分位数社会资本与国贫县交叉项系数的比较可以发现，收入水平在中位数以下的样本系数皆显著为负，而更高收入的样本系数则变得不显著，这表明扶贫开发资源的瞄准在总体上并没有太大偏离，收入水平在中位数以下的人群是主要的受益者。

表 5-5　　　　社会资本资源俘获效应的分位数估计结果

解释变量	（1）	（2）	（3）	（4）	（5）
	910	930	950	970	990
	被解释变量：家庭人均收入的对数				
sc	0.028 （0.022）	0.059** （0.025）	0.037 （0.025）	0.011 （0.027）	0.020 （0.038）

续表

解释变量	（1）	（2）	（3）	（4）	（5）
	910	930	950	970	990
	被解释变量：家庭人均收入的对数				
povertycounty	−0.219 （0.169）	−0.185[*] （0.010）	−0.170 （0.121）	0.011 （0.130）	−0.048 （0.174）
sc_povertycounty	0.031^{**} （0.012）	0.036^{***} （0.008）	0.0310^{***} （0.010）	0.010 （0.009）	0.016 （0.017）
常数项	5.049^{***} （1.077）	5.491^{***} （0.876）	6.508^{***} （1.113）	7.045^{***} （1.199）	7.792^{***} （1.282）
社会资本变量	是	是	是	是	是
制度完善渠道	是	是	是	是	是
控制变量	是	是	是	是	是
省区固定效应	是	是	是	是	是
样本数	3064	3064	3064	3064	3064

注：囿于篇幅所限，省略了无关变量系数的估计结果。

基于以上结果，本书进一步将样本局限于贫困人口，以便更精准地考察社会资本的资源俘获效应对贫困人口增收的影响。表5-6展示了以调整后人均家庭收入对数值为因变量，收入在贫困线以下样本的 OLS 回归结果。

表5-6　　　　　　　社会资本资源俘获效应的稳健性检验结果

解释变量	（1）	（2）	（3）	（4）	（5）	（6）
	OLS	OLS	OLS	OLS	OLS	OLS
	被解释变量：家庭人均收入的对数					
sc	0.003 （0.022）			0.037 （0.069）	0.017 （0.023）	0.016 （0.023）
povertycounty	−0.260^{**} （0.125）	−0.184[*] （0.100）	−0.199[*] （0.102）	−0.243[*] （0.119）	−0.367^{***} （0.130）	−0.435^{**} （0.169）

续表

解释变量	（1）	（2）	（3）	（4）	（5）	（6）
	OLS	OLS	OLS	OLS	OLS	OLS
	被解释变量：家庭人均收入的对数					
sc_povertycounty	0.0206** （0.008）			0.019** （0.008）	0.029** （0.011）	0.038*** （0.013）
sc_market	−0.001 （0.003）				−0.003 （0.004）	−0.003 （0.004）
scgov		−0.029 （0.050）				
scgov_povertycounty		0.049** （0.022）				
scgov_market		0.001 （0.007）				
sclgov1			−0.049 （0.061）			
sclgov1_povertycounty			0.061** （0.026）			
sclgov1_market			0.004 （0.009）			
sc_lnpergdp				0.018 （0.016）		
常数项	8.493*** （0.531）	8.527*** （0.484）	8.564*** （0.474）	8.140*** （0.903）	9.305*** （0.663）	8.002*** （0.599）
R−squared	0.215	0.215	0.215	0.216	0.219	0.266
控制变量	是	是	是	是	是	是
省区固定效应	是	是	是	是	是	是
样本数	888	888	888	888	532	418

注：所有回归都加入了表 5-3 回归（4）的控制变量，但囿于篇幅所限，省略了具体系数的汇报。

前三列分别为总体、政府相关和本地政府相关社会资本资源俘获效应的检验，其社会资本国贫县的系数皆显著为正，与假说一检验的结论保持一致。且其社会资本国贫县交叉项的系数依次递增，其中总体社会资本每提高一个单位，收入平均会提高2.06%，而政府相关和本地政府相关社会资本的效应分别为4.85%和6.09%。这表明对贫困人口来说，其他因素一定的条件下，政府相关的、本地化的社会资本对扶贫开发资源的俘获从而提高自身收入的效应更强，证明了假说二检验的稳健性。

第（4）列改变了制度水平的代理变量，利用县区的人均GDP亦即经济发展水平代替市场化水平后社会资本国贫县交叉项的系数仍然显著为正，且与第一列的系数水平相近，结果保持了稳健性。最后两列的回归将定义贫困人口的贫困线分别调低为世界银行和文献计算的食品贫困线，此时总体贫困率分别下降为17.4%和13.9%，样本更精确地瞄准了贫困人口，而社会资本国贫县交叉项的系数仍然显著为正，且水平略有提高，进一步证明了假说一的稳健性。

5.6　本章小结

本书首先分析了扶贫开发资源在国贫县农村的微观分配机制，并提出了社会资本，尤其是政府相关和本地化的社会资本有利于俘获扶贫开发资源从而帮助贫困人口增收脱贫的假说，接着利用CGSS 2006的农村样本，消除区域物价差异和家庭规模经济影响准确地估计了贫困情况，并基于国贫县和非国贫县在是否享受扶贫开发政策资源的差异，消除内生性并控制社会资本的制度保障效应后，检验了社会资本的资源俘获效应及其作用机制。文章的研究结论支持所提出的假说而且十分稳健，填补了中国扶贫开发背景下社会资本资源俘获效应的研究空白，为扶贫开发资源分配缺乏精准性的问题提供了一个解释，同时具有重要的政策启示。

一方面，本章发现社会资本有助于俘获扶贫开发资源，使得国贫县社会资本更高的贫困人口更容易提高收入而摆脱贫困。在中国目前的扶贫开发体制下，相关政策资源在基层需要通过村民自治的方式分配，这个过程中社会资本会发挥重要作用，如果政策希望瞄准的贫困人口并不具有相应的社会资本。而由于社会资本的排他性质（Cleaver，2005），现实中的贫困人口往往恰巧是社会资本最匮乏的人群，这样从体制上解释了精准扶贫实现的困难性。因此，这要求对目前基层扶贫开发资源的分配体制进行改革，在确定发展项目和识别贫困户时，不仅要考虑易于度量的实物资本和人力资本等要素，更要将贫困人口普遍缺乏的社会资本纳入其中。同时，将提高贫困人口社会资本水平作为改善贫困人口自生脱贫能力的重要举措，加强贫困人口与其他群体的互帮互助和信息沟通，构建更具包容性的社会资本网络。

另一方面，本书探讨了扶贫开发资源的分配机制，发现与政府干部和本地村民的关系密切程度有助于扶贫开发资源的俘获。这意味着本地化的政治性社会资本会显著影响基层资源分配，背后的作用机制可能是这类社会资本对个体扶贫开发资源信息获得的改善，但也可能是农村治理内卷化导致权力精英俘获的结果。这要求基层扶贫机构提高相关信息的传达效率，保证其能及时、平等地传达到所有政策对象；更重要的是，高一级的扶贫开发机构需要加强所辖地区贫困人口的信息收集，并对基层资源的分配进行有效监督，降低扶贫开发资源为接近权力的非贫困人群俘获的可能性，消除村民为获取扶贫资源向政府寻租从而滋生腐败的空间。

第 6 章 扶贫开发政策的空间属性研究

政府主导是保障扶贫开发有效性的必要条件（Hanna and Karlan，2016），而以贫困县和贫困村为对象的空间瞄准是中国过去三十多年来扶贫开发政策的重要属性。因此，厘清经济发展干预的空间逻辑是提高扶贫开发效率的基本要求。从基本的经济学理论基础出发，本章通过辨析全世界范围内经济发展政策空间特性的演变趋势和背后的逻辑，对扶贫开发政策的空间属性进行讨论，以厘清未来的扶贫开发政策目标中地区繁荣和人民幸福的辩证关系，为政策改革提供理论基础。

6.1 引言

2009~2010 年，世界银行、OECD、欧盟和拉丁美洲开发银行等多个影响力巨大的国际组织分别发布了各自的区域发展报告，同时中国中央政府制定了《全国主体功能区规划》[1]和《中国农村扶贫开发纲要（2011—2020 年）》[2]来指导未来的区域发展和扶贫开发工作。这些指导区域开发战略的纲领性报告尽管在同时期发布，但却遵循了截然不同的发展逻辑。

这些报告中，2009 年的世界发展报告《重塑经济地理》（World Bank，2009）影响力最大。其理论上主要以新经济地理学（New Economic Geography，NEG）中的集聚经济理论为基础，指出了区域发展本身的非均衡性，即刻意追求均衡发展不仅不能缩小区域差距，反而可能危害总体增长的观点。报告进一步提出了一个"3–D 发展框架"作为其政策工具。"3–D 发展框架"基于三个发展维度（密度、距离和分割）和三种对策——3–I(制度、基础设施和干预)——来解决每个维度的问题。其中，空间无差异的制度应该主要关注集聚或密度的

---

[1] 《国务院关于印发全国主体功能区规划的通知》。

[2] 中共中央、国务院 . 中国农村扶贫开发纲要（2011—2020 年），http：//www.gov.cn/gongbao/content/2011/content_2020905.htm。

不平等问题，交通和通信基础设施克服距离问题，而区域经济一体化和空间格局干预应当针对空间和市场分割问题。特别值得注意的是，报告同时认为，空间格局干预应该审慎地，而且只有当"土地和基本服务的制度比较有效而且交通基础设施完善"的条件下使用，例如用来解决诸如城市地区的贫民窟问题。报告发展了一个基于"忽视空间"思路的发展框架，即将"设计时不直接考虑空间的政策"作为提高效率、保证机会公平以及改善地区居民生活水平的最有效方法。

中国 2010 年公布的《全国主体功能区规划》以各区域的资源环境承载能力、现有开发密度和发展潜力为基础，统筹谋划未来经济布局、人口分布、城镇化格局和国土利用，据此中国的国土空间可以分为优化开发、重点开发、限制开发和禁止开发四类，明确开发方向，确定主体功能定位，规范开发秩序，控制开发强度，完善开发政策，逐步形成人口、经济、资源环境相协调的国土空间优化开发格局。推进形成主体功能区，其基本思想就是强调"人民富裕"，并设想通过人口的迁移，实现各地区人均收入水平的逐步缩小（魏后凯，2007）。即鼓励落后地区（往往是限制开发和禁止开发地区）的居民向发达地区（优化开发和重点开发地区）集中，从而达到保护前者的生态环境作为发展屏障，发展条件优越的后者以满足经济发展需要的总量目标。

2009 年世界发展报告与中国《全国主体功能区规划》的共同点就是都提倡不考虑空间上差异化的干预政策，而其余的报告则基于本质上不同的思路，认为地区的差异化至关重要，不仅决定了地区本身的发展潜力，还通过外部性塑造了当地居民和企业的发展潜力。因此，经济开发政策不应该是空间中性的，而是应该针对特定目标地区，同时与当地的制度条件、资源禀赋和文化历史背景等相契合。

OECD 的报告《地区如何发展》（OECD，2009a）尽管不是建立在理论论据基础上的，而是使用了包括度量区域间溢出效应的空间计量等方法进行大量经验分析，但是也得出了与以上报告十分相似的结论：由于所有地区都具有增长潜力，因此开发政策的目标是促进所有地区的增长。在此基础上，报告提出了一系列针对落后地区的干预，包括基础设施建设、教育、商业开发和创新推动等实现区域协调发展，同时通过溢出外部性实现总体经济的帕累托改进。OECD进一步的报告《地区的意义》（OECD，2009b）强调了地区的个体特征及其地域特殊性，因地施策，制定能够协同利用不同区域资源禀赋的政策。

最后一份主张空间政策方法的报告是拉丁美洲开发银行发布的《地区发展：城市和地区的新型主导作用》①（CAF，2010）。报告研究了拉丁美洲的发展问题，强调了地方政府以及制度在发展过程中的作用，认为本地治理和"柔性"制度在促进可持续发展过程中扮演着关键角色。

中国目前指导扶贫开发工作的《中国农村扶贫开发纲要（2011—2020年）》以及过往的"三西"农业建设、《国家"八七"扶贫攻坚计划》和《中国农村扶贫开发纲要（2001—2010年）》等扶贫开发行动都直接针对了以国家扶贫开发工作重点县和连片特困地区等特殊困难地区，试图通过综合性的政策工具集中扶持贫困地区的发展，从而实现当地的人口脱贫。

这些密集出台的报告或规划表面上都处理相似的经济发展问题，但是由于其出发点、指导理论不同，因此得到了两种截然不同的政策主张：第一种主张的政策建议基于新经济地理模型（World Bank，2009），旨在通过运用空间和地域上无差异的政策工具以获得集聚经济的益处，本章称之为"空间中性"（spatially neutral 或 place-neutral）思路；第二种主张基于不同的原则，认为每个地区都具有增长潜力，由此而制定的基于地区的开发政策作用是帮助落后地区将潜力转化为实际发展能力（OECD，2009），进而改善居民福利的"基于地区"思路。

面对当今世界各地区的发展，为何会形成这两种看似对立的政策主张？其背后的理论逻辑如何？面对这种政策"岔路"，中国的区域发展和扶贫开发政策应该何去何从？本章以下的安排将试图解决这些问题。

6.2 两种发展思潮的背景：经济地理和发展理论的演变

不管是针对国内还是国际范围的研究，当今所有关于发展政策的讨论必须首先考虑全球化趋势在塑造经济地理方面的重要影响。全球化的发轫可以追溯到20世纪70年代（Ferguson et al.，2010），经济史上很多重大的制度和技术变革发生在1978~1994年之间（McCann，2008；McCann and Acs，2011）。一方面，1978年中国的改革开放、1988年新巴西宪法的颁布、1989年柏林墙的倒

---

① 参见 http://www.caf.com/en/currently/news/2010/06/local-development-toward-a-leading-role-for-cities-and-regions.

塌、1990 年苏联解体和欧洲转型经济的出现以及曼德拉释放后新南非的诞生、1991 年印度和印度尼西亚的第二次产业革命、1992 年欧盟一体化市场的产生以及 1994 年北美自由贸易协议的签署等标志性事件，都对相关的经济地理产生了重大影响。最直接的表现就是 20 世纪 90 年代以来国家间签署的双边投资协议和减税协议大大增加（McCann，2008；Barthel et al.，2010）。另一方面，互联网的发明促进了新技术和新媒体平台利用的普遍化，进而大大推动了国际一体化进程（McCann，2008）。

以上政治经济背景下，巴萨等（Barca et al.，2012）总结了目前全球经济地理的几个重要特征。第一，多数经济体正在经历缓慢的趋同，贫穷国家正在追赶富裕国家，这种经济收敛的主要原因是落后地区内部经济转型以及跨国企业对其的投资和国际贸易；然而与此同时，非洲的多数地区却并未处于趋同行列中。第二，由于亚洲经济尤其是中国和印度的迅速崛起，全球贸易中心已经东移。第三，三个超级一体化地区即欧盟、北美自由贸易区和东盟地区在全球经济活动中所占份额在不断提高，表明全球经济活动正在加速向这三个地区集中，跨国公司在为经济增长贡献越来越大的力量。第四，以纽约、伦敦、东京和上海等"世界城市"为核心的大都市区在新型的全球经济合作模式中扮演了关键角色，贡献了不成比例的经济活动份额。第五，除了大都市区外，在某些地区城市体系中更低层级的城市也体现了高速增长。

所以说，过去数十年的全球化进程大大改变了世界经济地理的分布，而传统的经济增长理论已经无法继续解释当前经验上的增长模式。这导致了对经济发展理论和与经济地理分布之间关系的重新思考。首先，内生增长理论的人力资本和创新（Romer，1986；Lucas，1988）、NEG 的集聚和距离（Krugman，1991；Fujita et al.，1999）以及新制度经济学的制度（Rodrik et al.，2004；Acemoglu and Johnson，2006）的重要性已经逐渐进入决策者的视野。其次，全球化也将在传统发展理论中被忽略的空间角色拉进了研究者的视野，全球化使得资本、商品、劳动力以及知识的流动性空前提高，从这个意义上讲，空间正变得更加"光滑"（Markusen，1996；Friedman，2005）；但是从另一个角度看，空间的"黏性"也在逐步提高，因为要素尽管处于不断的流动过程中，但是其倾向于停滞在要素聚集地，因此，空间要素在全球化的发展模式中更加重要，世界并非变"平"了。最后，地区的自身资源禀赋及其加强比较优势的能力成为经济繁荣的根本原因，斯托珀（Storper，1997）将经济活动本地化的能力，即将外来技术和经济活动融入当地的社会、制度和经济结构中的能力看作经济发展的核心，换句话说，特定的制度安排和空间构造正越来越主导经济活动在地理上的分布。

瓦尔加（Varga，2015）总结降低区域不平衡政策的失效可能与以下原因有关：一是过度强调的交通基础设施建设引发的空间效应导致了已有集聚的加强；二是扶持落后地区衰退产业的资源浪费；三是"自上而下"的思想导致不顾地区异质性的"一刀切"政策；最后可能的原因是不同中央部门实施的不同政策间缺乏协调合作，或存在所谓区域政策的"叠罗汉"现象（蔡之兵和张可云，2014）。除此之外，政策执行中伴随的再分配过程会造成对外部财政转移支付的"依赖病"和寻租行为等副作用。总之，这些政策试图应对由于全球化导致的更加复杂的经济现实，往往沦为了"浪费性政策"，从而导致了对传统区域发展手段的批评。

正是在这种经济发展政策未能有效应对经济地理演变和发展理论的改变导致了政策的低效，"空间中性"和"基于地区"的两种思路在世界各地的经济开发政策制定中开始发挥潜移默化的巨大作用，但是国内外鲜有学者对这两种政策制定的范式进行系统的研究，尤其是对中国的情况鲜有考察。有限的研究中，巴萨等（Barca et al.，2012）梳理了2009年以来国际组织在制定区域政策时对这两种政策思潮的应用，他们认为基于地区的方法考虑了更全面的因素，因此更有优势。帕特里奇等（Partridge et al.，2014）通过梳理经验研究的文献，考察了空间均衡在现实中的存在性，提出了不同政策有效的条件。瓦尔加（2014）认为，纳入空间维度的宏观增长模型可以结合二者的优势，但同时也指出了这样做的挑战。维杰拉特纳（Wijerathna，2014）则在其博士研究中用区域可计算一般均衡模型分别分析了基于地区和地区中性政策对斯里兰卡的影响，结论是地区中性的政策有利于国民经济增长，而基于地区的政策更有益于降低区域差距，但这些结论可能因政策的具体特征和所选行业而异，不能直接推广至其他案例中。

因此，以下本书对这两种经济发展模式进行追根溯源，梳理出其理论逻辑，并进一步在此范式下对中国的区域发展和扶贫开发政策进行分析。

6.3　发展政策空间属性的内涵和实质

空间是区域开发政策区别于宏观和微观政策的最重要维度，但是如何将空间有效纳入经济发展政策中，或者说应该强调不同地区的异质性施以差异性政策，重点开发落后地区，还是一视同仁地对待各个地区，鼓励要素流动到最发达的区域，并非一个可以简单回答的问题。

6.3.1　两种思路的追根溯源

这个主题的讨论可以追溯到对"地区繁荣还是人民富裕？"的争论，即区域经济政策目标应该优先考虑鼓励居民迁出落后地区，从而改善个体居民的福利，还是通过改善落后地区的条件来提高当地居民的福利[①]。温尼克（Winnick，1966）从经济活动的地理分布影响经济效率的角度进行分析，认为针对地区的政策是一种资源在地区间再分配的过程，但是这种再分配是无效率的，原因在于政策经常不能准确地瞄准需要帮助的人，在这种情况下政府实行基于地区的政策的原因在于特定的政治体制，并非经济考量。埃德尔（Edel，1980）更是把决策者在制定区域再分配政策时将区域的平均特征看作区域内个体特征的这种替代称为"生态谬误"。田纳西河流域管理局（TVA）和其他类似的落后地区开发政策当时受到了大量批评，例如雅各布斯（Jacobs，1984）的研究书名即为《为什么 TVA 会失败》。随后的美国总统委员会报告《八十年代的城市美国》（*President's commission for a national agenda for the eighties*，1980）承袭了以上观点，对大量针对落后地区的政策进行了批判性评论，报告指出，"地区指向下公式化的分配机制几乎注定了对落后人民和地区不利的发展基金的稀释"，决策者应该将国家作为一个整体而非由不同地区像马赛克一样组合的结构。当代学者倡导空间中性政策的理由主要基于空间均衡理论，认为劳动力会自然迁移到发达地区（Glaeser and Gottlieb，2008；Kline and Moretti，2013），针对落后地区的开发政策只能降低经济效率，因此经济开发的模式原则应该从基于地区向以人为本的地区中性转变。

持相反观点的学者对以上观点进行了批评。克拉克（Clark，1983）将

---

① 当然，也有学者使用了"以人为本还是以地为本"（people-centered vs. place-centered）或者"将工作带给人还是让人趋向工作"（bring jobs to people vs. bring people to jobs）的说法，其内涵基本一致。

"社区完整性"看作社会发展的重要目标，指出强迫移民并不可取。博尔顿（Bolton，1992）同样认为，包含了社区完整性意义的"地区意识"所代表的区域外部性在地区繁荣和人民富裕的权衡中起关键作用。他依照福利经济学的范式，将地区意识当作一种很有价值的社会资本，采取地区指向还是以人为本的政策的关键在于这种资本的外部性能否扩展到本地区以外。帕特里奇等（2014）从空间均衡的假设是否成立对相关文献进行了综述，他们考察了空间均衡的理论假设在现实中的存在性，认为即使在市场最为完全的美国，现实中要素也不能完全流动，因此基于地区的政策意义深远。

与此同时，应该认识到，这两种政策取向的定量分析在现实中难以进行。第一，政策评估的科学方法很难利用于区域和城市经济学中；帕特里奇等（2014）指出，评估开发政策最科学的策略是比较目标地区政策实施后和假设政策未实施的相应经济社会指标，但是区域发展的溢出效应和样本有限性等特性使得本研究很难利用在主流经济学中广泛获得认可的随机实验方法进行政策评估（Baum-Snow and Ferreira，2014）。第二，即使本书进行简单的事前事后成本收益比较，区域发展的目标往往涉及如何选择时间期限，评估何种经济社会指标，同时要求衡量区域溢出的效应等困难；而区域政策在短期和长期的效应往往差异巨大，同时经济学家并不能很好地处理不可量化的包括文化、习俗和制度等社会效益变量。第三，即使在经济层面，区域发展政策的有效性评价也仍未完善（Neumark and Simpson，2014），对某一开发政策有效的评价策略无法推广到其他地区；例如克莱恩和莫雷蒂（Kline and Moretti，2014）最近利用结构化方法发现基于地区的田纳西流域管理局（TVA）政策的收益大于成本，但作者承认该结论取决于和劳动力市场功能有关的几个无法验证的假定，而且其方法无法进行推广。

可见"地区繁荣还是人民幸福"这个古老的问题从经验层面并没有得到完美的回答。既然如此，该如何取舍，本书认为，最优策略是从理论逻辑层面对其进行剖析。

6.3.2　两种思路的理论逻辑

6.3.2.1　空间中性

空间中性政策最重要的理论假设是空间均衡的存在性，即完全竞争的土地和劳动力市场以及生产要素的完全流动性（Partridge et al.，2013）。由于集聚经济可以通过地方化和城市化两种主要的外部性机制带来生产成本、交易成本和行政成本的节约以及相应效率的提高，因此人口和企业会往城市或高效率的地区集中，从而提高发展效率。尤其是伴随着以鲍德温等（Baldwin et al.，2003）的主要研究《经济地理和公共政策》为标志的 NEG 的"政策转向"（Martin and Sunley，2011）更进一步确立了空间中性政策的集聚经济基础，2009 年的世界银行发展报告进一步强调了以 NEG 为基础的空间中性政策制定思路。

提倡空间中性方法的学者认为，促进集聚同时鼓励人口流动不仅可以让个体在更宜居的地区生活，还可以提高个体收入、生产率、知识水平以及总体增长。即不管人口的居住地在哪儿，都可以改善居民生活并且保证机会公平。原因在于其假设通过鼓励要素流动，空间中性政策的最终结果是人均财富的地理分布更加均匀以及落后地区的发展趋同。因此，发展干预应该是空间中性的，而且鼓励要素向其能发挥最高生产率的地区（主要是城市）流动，这才是改善居民生活促进总体经济增长的最佳方式（Gill，2010）。

为了达到这种目的，针对制度改革的政策工具必须是空间中性的。通过增加向核心地区的劳动力迁移、提高边缘地区企业的市场接近程度、消除制度性差异以及提高跨区域可达性会加强集聚和增长。同时，留在落后地区的居民享受均等化的基本公共服务，即当不同地区的制度性发展状况（例如教育、医疗、社会保障制度以及土地和劳动的规制等）不存在明显差异，而且落后地区通过交通联系与集聚的核心地区有效互联时，可以认为经济实现了一体化，即达到了发展目标。

因此空间中性的干预应该使政策尽量覆盖最大的范围，达到促进经济核心区域的集聚效应的目标。纽马克和辛普森（Neumark and Simpson，2014）指出，集聚经济理论并不支持基于地区的政策，因为落后地区的集聚收益往往小于发达地区，因此社会的总体福利受损。那些针对落后地区的促进区域创新的政策被认为是分散了资源，使其无法用于更有效的增强集聚的用途。

6.3.2.2 基于地区

相对而言，基于地区的政策往往直接针对落后地区开发。其主张由于现实中空间均衡理论的假设往往不能成立，或者达到空间均衡需要的时间很长，因此现实中存在空间错配（假设市场失败的主要原因是低收入的弱势群体往往生活在落后地区，而工作机会却在发达地区，同时制度约束、个体特征以及高生活成本等因素限制了弱势群体迁往发达地区的理论），导致空间中性政策不仅不能解决落后地区的发展问题，而且反而可能损害经济整体的福利。

与新经济地理学相对，正统经济地理学（Martin and Sunley，2011）强调的"地区意识"（包括地方的历史、制度、文化和路径依赖等地区异质性要素）、空间错配理论和网络效应的正外部性[1]是基于地区政策的理论基础。该理论认为，大都市区、包含多种规模的中等城市和小城市的地区甚至是农村地区，都可以通过在发展适宜当地的经济活动中达到高水平的生产率，从而实现巨大的增长潜力。从这个角度看，城市和区域系统的全部地区都能实现增长，而非只有城市体系等级顶端的城市，因此经济总体能够通过发展不同规模和密度的地区而达到其总产出前沿。

基于地区的观点认为，建立在流动性、集聚和针对部门基础之上的空间中性政策虽然不考虑区域背景，但是对经济的空间格局有重要的影响，看似空间中性的政策往往有明显的空间效应，进而减弱政策本身的作用。因此，地区意识和外部干预之间的互动对发展至关重要，因地区而异的地区意识不仅仅只是作为政策事后考察的结果，开发政策的制定需要以这种互动为基础，预先考虑不同地区的特殊性。

还有基于地区发展的支持者认为，抑制地区发展潜力的原因是由于文化等软环境决定的发展观念的落后，这只能通过外生干预以摆脱这种困境。而基于地区的开发政策可以通过促进本地居民与外部人才的交流互动积累新知识，从而得出本地化的创新政策是促进增长的有效手段的结论（McCann and Ortega-Argilés，2013）。他们认为创新政策应该主要是基于地区的，原因在于特定的区域特征（通常称作创新的区域体系）在新技术的发展和产业化应用过程中至关重要。以此为基础的一个案例是欧盟的新融合政策提出了"智能专业化"[2]作为基于地区的促进增长手段（Foray et al.，2007）。

6.3.3　制度完善与二者的权衡

通过以上的对比，本书可以得出如下观点：忽视空间的方法目的在于使用空间中性的工具巩固集聚效应以促进区域一体化，间接促进落后地区的繁荣；而基于地区的方法强调了要素流动的黏性，需要针对特定区域的创新政策以直

---

① 指居民的就业可以带动当地其他失业者找到工作的效应（Hellerstein et al.，2011）。

② 或译作"精明专业化"。相关介绍可见 http://www.thepaper.cn/newsDetail_forward_1277221。

接刺激落后地区的发展。实际上，如果追究这两种政策思考的理论根源，就会发现两种政策思路的争论与各自的主要理论基础 PEG 和 NEG（潘峰华和贺灿飞，2010；Martin and Sunley，2011）有着异曲同工之处。如表 6-1 所示。

表 6-1　　　　　　　　　　　　正统经济地理学与新经济地理学

范畴	正统经济地理学（或经济地理学）	新经济地理学（或地理经济学）
真实性	内容丰富的（接近于反映全部真相）、真实的（反映的都是真相）文字描述	利用不真实的假设（部分的与不正确的）建立数学形式模型
现实性	依据现实主义的严密形式	符合现实主义的抽象形式
要解释的问题	集聚发生在何地，为什么在特定地区而不是其他地区	集聚是如何产生与维持的
描述的水平	抽象程度低	抽象程度高
解释因素	地方特有的、因地而异的因素和更深层次的一般过程	在不同空间尺度运行的一般与抽象的经济机制

资料来源：马尔基奥尼（Marchionni，2004）。

但本书认为，正统经济地理学和新经济地理学并不是非此即彼的关系，正如 NEG 的领军人物保罗·克鲁格曼（Paul Krugman）所言，"经济学家思考的方法可能存在盲点，但是也有作用和深度：应该存在说服经济学家从地理学习而不是牺牲其优点的方法"，以及 PEG 的倡导者罗恩·马丁（Ron Martin）的观点，"地理学者的思考有更高的现实性，但是也有盲点：应该存在说服地理学家向经济学家学习而不是牺牲其优点的方法。结合起来，这两个学习的过程可能导致更优秀的政策分析和建议"（Martin and Sunley，2010）。

类似地，这两种发展思潮也可以看作是两个极端的思路，基于地区的思路强调地区的独特性，要求不同地区实施差异化的政策，而空间中性的思路则承认地区之间的共性，希望用普适的政策促进发展。本书认为，这两种现代发展思路之间的争议并非不同政策的互相替代，而是在政策工具箱中不同属性工具的权重大小之争。正如世界银行报告承认了现代经济中基于地区的创新政策的重要性（World Bank，2009），而后来成为欧盟基于地区融合政策概念基础的报告（Barca，2009）也举例说明了在某些情形中，积聚力量的发展也能够引发更高水平的增长。

总结以上的讨论，一方面，正如空间中性所主张的，经济发展本身在空间上并不是均匀分布的，过于强调推动经济增长均匀分布的政策会抑制增长，但是也可以在某种程度上具有包容性，即边缘地区的居民可以从经济活动的不断集中过程中受益。不平衡增长和包容性发展同时实现的途径是经济一体化。空间中性政策有效的前提是完善的要素市场，包括完全竞争的劳动力、资本和产品等市场，保证劳动力和生产要素能够相较于收益，成本较低地自由流动。

然而另一方面，经济一体化的前提是各地区具有无差异的制度性条件，如果行政力量、地理、历史、文化以及其他具有地区异质性的制度性因素阻碍了以上经济一体化的可能性，或者说落后地区居民丧失了享受集聚收益的机会，那么空间中性的政策反而会加剧地区差距，针对落后地区的专门激励才能解决发展问题。基于地区的政策发挥作用则要求政策本身能够激发地区的创新和发展潜力，这就要求当地完善的基本公共服务制度，例如产权保护、教育资源、医疗资源和社会保障等较为完善，同时让倾向于落后地区的政策红利留在当地，避免人才流失。

作为发展中的大国，中国各地区之间存在巨大的区域差异，同时制度体制上也有某些中国特色，因此政策取舍需要更复杂的讨论。

6.4　中国区域开发政策的空间属性

广义上的扶贫开发包括了涉及落后地区发展的多数区域发展政策，因此本章在探讨中国事实时首先关注中华人民共和国成立以来的区域发展政策。其有明晰的阶段化特征，21世纪之前，其演变历程分为向西推进的平衡发展阶段（1949~1978年）、向东倾斜的不平衡发展阶段（1979~1990年）、关注中西部地区的区域协调发展战略启动阶段（1991~1998年）（魏后凯，2008）。进入21世纪以来，协调发展成为区域发展的主要指导思想，开发政策的科学性和理论性大大加强，但是随着经济社会的特点发生重大变化，决策者无法避开政策制定应该遵循基于地区方法还是空间中性思路的权衡问题。因此本书首先从空间属性的视角简要梳理中国区域开发政策的演进。

6.4.1　"泛化"的区域开发政策

相对于政策目标的碎片化和随意化，中国以往区域开发政策的"泛化"问题更加严重（孙久文和原倩，2014），即过于向空间中性的思路倾斜。

从中华人民共和国成立初期毛泽东（1976）着重论述了沿海和内地的关系，到邓小平改革开放后提出"两个大局"思想，再到三大地带的区域划分以及 21 世纪初期，中国形成四大板块划分的区域发展总体战略。中国早期的开发政策实施要么以大的地带来划分，如进入 21 世纪五年之内分别实施的西部大开发、东北振兴、中部崛起战略；要么就是以行政区划作为标准，但中国落后地区的分布广泛且产生问题区域的原因各不相同，这些区域划分方式都很难综合反映中国地区差距发展的特点。

尽管 2010 年的《全国主体功能区规划》是依照区域特点对全国各地区进行的进一步划分，但是由于其缺乏具体落地政策，本书将其看作开发政策的战略性规划，仍然是空间中性思路重要的应用（魏后凯，2007）。事实上尽管规划理念较为先进，但由于大片落后地区被要求限制开发甚至禁止开发，在地方政绩考核体制未配套改革的前提下，地方政府的抵触并未消除（张乃剑，2011），后续也没有相应具体的配套措施跟进，之后的一些开发政策和区域规划甚至与之相矛盾。

泛化的区域发展政策最直接的后果就是区域差距的不断拉大（刘乃全等，2005），尽管西部大开发、东北振兴和中部崛起等大的区域战略实施和具体配套政策落地之后，内陆地区的经济增速有所提高，但与沿海地区的绝对差距仍未见缩小，在 2008 年金融危机以来，外部经济形势恶化和中央政府决心内部改革的影响下，过去的两年内陆的增速反而落后于沿海地区，区域差距更加明显。

实际上，从图 6-1 中投资和 GDP 占比的角度看，沿海地区占全国 GDP 的比重在 2013 年达到自 1998 年以来最低的 51.15%，而在 2014 年占比达到 51.16%，扭转了经济总量占比持续降低的趋势，而固定资产投资总额在近十年的变化趋势与 GDP 相仿，经历了 10 年的持续下降后，从 2013 年开始，沿海地区的投资占比开始升高。

另外，如图 6-2 所示，在人均 GDP 方面，沿海和内陆差距的绝对值一直在提高，2014 年沿海地区人均 GDP 已经超过 67000 元，而内陆地区仅为不到40000 元，二者之差已经从 1997 年的 4703 元提高到 27439 元。且可以预见，短期内这种绝对差距不断扩大的趋势仍然会持续。

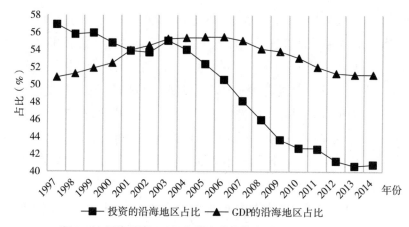

图 6-1　沿海地区 GDP 和投资占比演变（1997~2014 年）

资料来源：历年《中国统计年鉴》。

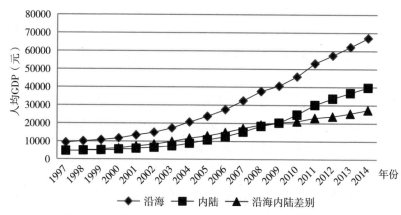

图 6-2　中国沿海—内陆人均 GDP 演变（1997~2014 年）

资料来源：历年《中国统计年鉴》。

同时，如图 6-3 所示，在人均 GDP 的增速上，内陆地区的增速在 2004 年之后，也就是西部大开发、中部崛起和东北振兴计划实施之后超过了沿海地区，并且一直持续至今。但是应该看到的是，沿海地区增速落后的幅度在 2010 年达到最大值，之后便迅速追赶上来，尤其是 2014 年二者的差距已经非常微弱，相差仅为 0.21 个百分点，可以预见未来几年东部地区的人均 GDP 增速又会重新赶超内陆地区，沿海内陆的区域差距有继续加大的趋势。

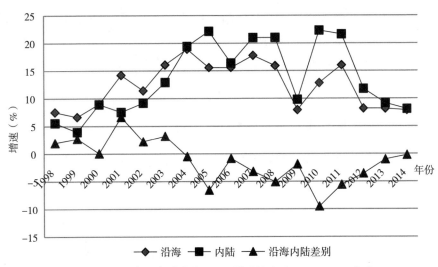

图 6-3　沿海—内陆人均 GDP 增速演变（1998~2014 年）

资料来源：历年《中国统计年鉴》。

以上宏观经济数据表明，过去集中开发落后地区的泛化区域开发政策不管从相对还是绝对的角度看，都没有有效缩小地区差距。实际上，在当今中国的很多地区，尤其是中西部相对落后的省区，尽管在过去的十几年中，其通信、水电网络和道路交通等物质基础设施已经得到了很大的改善，但是软性的基本公共服务制度并不完善，产权、劳动力流动、社会保障等基本公共服务制度体系仍未有效建立，与东部发达地区差距悬殊，这导致劳动力大量流失，整体经济发展水平更加滞后。

空间中性政策的本意是所谓"以人为本"，通过劳动力迁移提高其生产率和生活水平，但以上的分析表明这种好处在中国并未充分发挥。中国区域发展的最为特殊之处在于人口无法彻底自由流动，尽管近些年大量农民工外出务工并没有受到过多显性的阻碍，但由于其享受基本公共服务的权利多数与自身户籍挂钩，亦即只有回到来源地，农民工才能享受到医保和社保等必需的基本公共服务，因此大量农民工只是所谓"候鸟式"迁徙，年老时往往会回归故里；同时，中国城乡和区域间收入差距巨大，出于生活成本的考量，儿童和老年人并没有能力随同青壮年劳动力外迁，这就导致劳动力流出地的"空心化"。农民工外出务工获得的收入和经验能否弥补这期间其流出地"空心化"造成的当地经济发展滞后的损失，这个问题值得进一步探讨。

如上分析，在中国特殊的制度体制下，以上两方面的原因使得鼓励劳动力迁移的空间中性政策加剧了区域发展差距，同时对落后地区迁移人口的生活水平提高也未能充分发挥其应有的作用，因此政府逐渐开始出台更加精准的基于地区的政策。

6.4.2　基于地区开发政策的崛起

2005 年以来，中国的区域开发政策开始向基于地区的思路转变，政策精确性有所提高，包括划定新区，设立改革试验区以及出台顺流域、跨省、省内甚至市内的发展规划密集出台，具体见表 6-2。

表 6-2　　　　　2005~2017 年中央政府出台的地方性区域开发政策概览

类　型		名　称	数量		
			沿海	内陆	兼顾
新区		上海浦东新区、天津滨海新区、重庆两江新区、浙江舟山群岛新区、甘肃兰州新区、广东广州南沙新区、陕西西咸新区、贵州贵安新区、山东青岛西海岸新区、大连金普新区、四川天府新区、湖南湘江新区、江苏南京江北新区、福建福州新区、云南滇中新区、哈尔滨新区、长春新区、江西赣江新区	8	10	0
改革试验区	综合配套改革试验区	上海浦东新区综合配套改革试点、天津滨海新区综合配套改革试验区、重庆市和成都市全国统筹城乡综合配套改革试验区、武汉城市圈和长株潭城市群全国资源节约型和环境友好型社会建设综合配套改革试验区、深圳市综合配套改革试点、沈阳经济区国家新型工业化综合配套改革试验区、山西省国家资源型经济转型综合配套改革试验区、浙江义乌市国际贸易综合改革试点、厦门市深化两岸交流合作综合配套改革试验区、黑龙江省现代农业综合配套改革试验区	5	7	0
	金融改革试验区	温州市金融综合改革试验区、珠三角金融改革创新综合试验区、泉州金融综合改革试验区、云南省广西壮族自治区建设沿边金融综合改革试验区、山东省青岛市财富管理金融综合改革试验区	4	1	0
	其他试验区	上海、广东、天津和福建自由贸易试验区，宁夏内陆开放性经济试验区，汕头经济特区"华侨经济文化合作试验区"，国家生态文明试验区（福建）	6	1	0
	产业转移示范区	安徽皖江城市带、广西桂东、重庆沿江、湖南湘南、湖北荆州、黄河金三角	2	4	0

续表

类　型	名　称	数量		
		沿海	内陆	兼顾
海洋经济规划	《山东半岛蓝色经济区发展规划》《浙江海洋经济发展示范区规划》《广东海洋经济综合试验区发展规划》《全国海洋功能区划（2011~2020 年）》《福建海峡蓝色经济试验区发展规划》《广西、山东、福建、浙江、江苏、辽宁、河北、天津海洋功能区划》《海南、上海、广东省海洋功能区划（2011~2020 年）》《全国海洋主体功能区规划》	8	0	0
区域规划	《珠江三角洲地区改革发展规划纲要（2008~2020）》《江苏沿海地区发展规划》《横琴总体发展规划》《黄河三角洲高效生态经济区发展规划》《长江三角洲地区区域规划》《海南国际旅游岛建设发展规划纲要（2010~2020）》《海峡西岸经济区发展规划》《河北沿海地区发展规划》《平潭综合实验区总体发展规划》《前海深港现代服务业合作区总体发展规划》《珠江—西江经济带发展规划》《青岛西海岸新区总体方案》《赣闽粤原中央苏区振兴发展规划》 《促进中部地区崛起规划》《鄱阳湖生态经济区规划》《皖江城市带承接产业转移示范区规划》《中原经济区规划》《武汉城市圈区域发展规划》《洞庭湖生态经济区规划》《晋陕豫黄河金三角区域合作规划》 《广西北部湾经济区发展规划》《关中—天水经济区发展规划》《甘肃省循环经济总体规划》《成渝经济区区域规划》《云南省加快建设面向西南开放重要桥头堡总体规划（2012—2020 年）》《西部大开发“十二五”规划》《陕甘宁革命老区振兴规划》《天山北坡经济带发展规划》《青海省柴达木循环经济试验区总体规划》《云南桥头堡滇中产业聚集区发展规划（2014—2020 年）》 《东北振兴规划》《辽宁沿海经济带发展规划》《中国图们江区域合作开发规划纲要》《东北振兴“十二五”规划》	14	19	1
三大倡议及战略	“一带一路”、京津冀协同发展、长江经济带	0	0	3
合计	区域规划	15	19	1
	其他区域政策	32	23	3
	合计	47	42	4

资料来源：笔者以孙久文和原倩（2014）的资料为基础进行了更新和统计。

可见，中国区域政策在因地制宜地精确性方面已经开始起步，相应政策的多样性也比以前更加丰富。

同时更具体地看，如图 6-4 所示，本书发现，当前中国区域政策另一个重要的特点是政策精确性在沿海和内陆的差异。总体上看，沿海地区的相关政策稍多于内陆。但是进一步观察可以发现，内陆地区的区域政策大量为传统的、泛化的区域规划，政策的精确性不够。而相应沿海地区的区域政策则多数为各种新区、试验区等新型区域干预手段。这说明在政策的精确性方面，沿海地区比内陆地区表现更好。

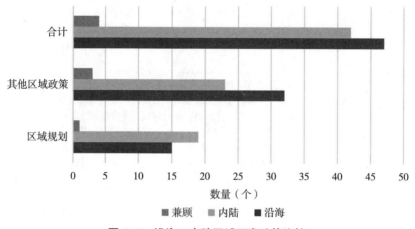

图6-4 沿海—内陆区域开发政策比较

但是这种政策精确性的趋势与中国的区域发展现状并不协调，或者说从理论上并不能真正解决区域差距扩大、落后地区发展滞后的问题。一方面，在要素流动性方面，尽管户籍对劳动力流动的约束已经大大减弱，交通基础设施的建设也在大步迈进，但相较于东部沿海，内陆地区的交通便利性更低，市场分割仍然更加显著；同时，城乡收入差距较大，异地的高生活成本和安土重迁的文化传统让老人和儿童难以彻底进行城乡和区域间的迁移，由此导致劳动要素流动成本高企。另一方面，内陆的基本公共服务水平和均等化程度也落后于沿海地区。因此理论上西部对精确性区域政策的需求更加强烈。可见，尽管提高区域政策精确性已经受到了相关部门的重视，但是在精确性较高的区域政策的制定实施方面，尤其是对内陆地区来说，仍然任务艰巨。

6.4.3 新时期区域发展"三大战略"的空间属性

与此同时，2014年底的中央经济工作会议提出了"优化空间经济发展空间格局"的"三大战略"："一带一路"、[①]京津冀协同发展、长江经济带。如表7-3

---

① "一带一路"倡议先是以"战略"提出，后精确表述为"倡议"。

所示，"三大战略"在地理范围上基本涵盖了全国所有省、区、市，标志着中国区域经济发展进入了一个新的阶段，可以说，"三大战略"将是未来一段时期内中国区域发展的总体指导性战略。以下本书主要从经济层面对"三大战略"的空间属性进行考察。

如表 6-3 所示，"三大战略"中，"一带一路"倡议的目标重点提到国际之间要"促进经济要素有序自由流动、资源高效配置和市场深度融合"，国内各地区要提高开放程度。通过实现消除国际贸易壁垒，扩大国内开放的目标，"一带一路"倡议能够促进国内企业"走出去"，经济要素向效率更高、需求更迫切的国家和地区布局，同时也能引进国外资源能源为中国企业生产利用和市场消费，实现国际范围内的集聚经济，因此从经济层面上看，"一带一路"倡议本质上遵循了空间中性的思路。

京津冀协同发展战略的基本出发点是疏解非首都核心功能以及解决北京"大城市病"，利用交通一体化和产业对接协作等手段旨在促进北京资源疏解，同时提升落后地区发展水平，减少北京的人口过度集中，而生态环境保护直接针对的是京津冀尤其是首都地区的环境问题。从空间属性的角度分析，一方面，战略降低经济的单核心集聚水平的目标与空间中性的发展主张显然相悖，但另一方面，基于地区的思路也不否认集聚经济的收益，同时京津冀协同发展的基本出发点仍然是北京的可持续发展，虽然在客观上会促进落后地区的开发，但并不是直接效果，因此其也不符合基于地区的思路。

表 6-3　　　　　　新时期区域发展"三大战略"的空间属性

"三大战略"	目标地区	战略目标	典型政策	空间属性
"一带一路"	中国以及"一带一路"沿线的亚欧非各国	促进经济要素有序自由流动、资源高效配置和市场深度融合，推动沿线各国实现经济政策协调，开展更大范围、更高水平、更深层次的区域合作，共同打造开放、包容、均衡、普惠的区域经济合作架构。充分发挥国内各地区比较优势，实行更加积极主动的开放战略，加强东中西互动合作，全面提升开放型经济水平	恪守联合国宪章的宗旨和原则，坚持开放合作，坚持和谐包容，坚持市场运作，坚持互利共赢	空间中性

续表

"三大战略"	目标地区	战略目标	典型政策	空间属性
京津冀协同发展	北京、天津、河北三省市	以疏解非首都核心功能、解决北京"大城市病"为基本出发点，调整优化城市布局和空间结构，构建现代化交通网络系统，扩大环境容量生态空间，推进产业升级转移，推动公共服务共建共享，加快市场一体化进程，打造现代化新型首都圈，努力形成京津冀目标同向、措施一体、优势互补、互利共赢的协同发展新格局	交通一体化、生态环境保护和产业对接协作三个重点领域，要集中力量先行启动并率先突破	空间中性
长江经济带	上海、江苏、浙江、安徽、江西、湖北、湖南、重庆、四川、云南、贵州等11省市	建设具有全球影响力的内河经济带、东中西互动合作的协调发展带、沿海沿江沿边全面推进的对内对外开放带和生态文明建设的先行示范带	建设长江经济带综合立体交通走廊	空间中性

资料来源：根据《推动共建丝绸之路经济带和21世纪海上丝绸之路的愿景与行动》《京津冀协同发展规划纲要》以及《国务院关于依托黄金水道推动长江经济带发展的指导意见》整理。

那么应该如何从空间属性的角度理解京津冀协同发展战略？这要求本书首先要理解京津冀地区的发展逻辑。本地区中，为了保障首都功能，北京作为国家首都一直以来享受了大量政策优惠，资源过度集中，导致集聚力大于扩散力，吸引了过量人口和产业。如图6-5和图6-6所示，改革开放以来，尤其是2008年之后，北京和天津的GDP和人口都呈现更加密集的态势，而河北的GDP占三省市比重不断下降，人口也持续流失。而北京的城市管理水平却未能随着人口迅速集聚而同步提升，因此造成了严重的大城市病。与此同时，北京承担的各项城市功能，尤其是首要的政治中心功能又要求其不能集中过多人口，因此即使北京继续集中资源和人口在经济上是有效率的，其社会影响也并不合理。

根据空间中性主张基于的新经济地理学，核心地区在产生"大城市病"之后经济要素会自动向边缘地区扩散，但根据以上分析，由于行政力量的干预，这个假设在京津冀地区并未出现。

京津冀协同发展客观上要求利用行政和市场手段双管齐下，疏解之前过度集聚的相关资源，建立一体化市场，进而为要素根据市场规律自然扩散提供制度性基础。同时，落后地区的发展必须遵从基于地区的思路，建立有效的区域创新体系，在京津冀地区要尽快实现基本公共服务均等化，确保经济水平落后地区能够"留住"人才和资源。

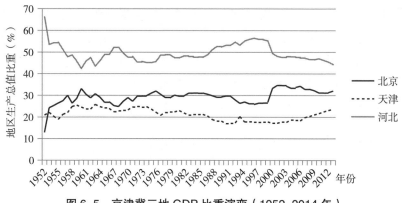

图 6-5　京津冀三地 GDP 比重演变（1952~2014 年）

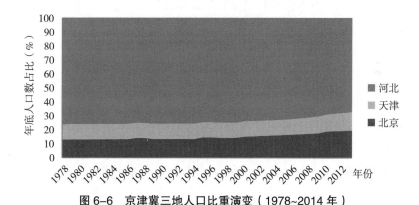

图 6-6　京津冀三地人口比重演变（1978~2014 年）

资料来源：国泰安中国区域经济研究数据库。

　　长江经济带被看作是推动东、中、西部地区协作的有效举措，其最重要和直接的政策举措是建设"长江经济带综合立体交通走廊"。过去的东部率先发展、中部崛起、西部大开发以及东北振兴四大区域战略相对独立，而长江经济带则横跨东、中、西三大板块，因此长江经济带战略最典型的空间战略意义是通过长江黄金水道的建设，提升东、中、西的协调发展水平。可以预见的是，随着"长江经济带综合立体交通走廊"的建成，本地区的要素流动将更加顺畅，经济集聚程度也会不断提高，从这个层面看，长江经济带战略同样遵循了空间中性的发展思路。空间中性政策的后果是高等级城市和初始发展水平较高的地区发展将更加迅速，但同时落后地区的发展问题将成为不可忽视的难题，因此需要中央层面从基于地区的思路制定促进落后地区发展的相应政策。

　　可见，新时期中国区域发展的"三大战略"总体上还是遵循了空间中性的发展思路，可以预见，未来将会充分发挥经济集聚带来的巨大收益，但相对而言，与之前分析的内陆地区缺乏有效区域政策的结论一致，"三大战略"对落后地区的政策扶持明显不足，尤其缺乏中央统筹，专门针对偏远落后地区的更大力度的精确性政策。因此本书认为，全面实现小康社会之前，国家在积极贯彻"三大战略"的同时，也必须对基于地区的精确性政策给予充分重视。

6.4.4　新时期扶贫开发战略的空间属性

《中国农村扶贫开发纲要（2011—2020 年）》在 2011 年公布，是之前《国家"八七"扶贫攻坚计划》和《中国农村扶贫开发纲要（2001—2010 年）》的延续，成为继续指导中国扶贫开发工作的总纲领。

中国新时期的扶贫开发战略进一步延续了以往的扶贫思路，集中扶持最贫困的区域，但将政策扶持的空间对象从之前的国家扶贫重点工作县扩展到了十一个连片特困地区和已明确实施特殊政策的西藏、四省藏区、新疆南疆三地州。

扶贫开发的主要目的是为贫困地区提供特殊的政策优惠和资金支持，利用外部援助改变其贫穷落后的面貌，提高贫困地区居民的生活水平，典型的政策包括整村推进、以工代赈、产业扶贫和基本公共服务建设等，总体上是典型的基于地区类政策。但其中具体的政策根据特定地区的致贫因素加入了一定空间中性思路的考虑，包括易地扶贫搬迁和鼓励劳务输出的促进就业政策均属于空间中性政策。表 6-4 总结了各项扶贫开发政策的空间属性。

表 6-4　扶贫开发政策的空间属性归纳

范畴	具体政策	政策重点	空间属性
专项扶贫	易地扶贫搬迁	坚持自愿原则，对生存条件恶劣地区扶贫对象实行易地扶贫搬迁	空间中性
	整村推进	结合社会主义新农村建设，自下而上制定整村推进规划，分期分批实施	基于地区
	以工代赈	政府投资建设基础设施工程，受赈济者参加工程建设获得劳务报酬，以此取代直接救济	基于地区
	产业扶贫	充分发挥贫困地区生态环境和自然资源优势	基于地区

续表

范畴	具体政策	政策重点	空间属性
专项扶贫	就业促进	促进扶贫对象稳定就业	空间中性
	扶贫试点	创新扶贫开发机制	综合
	革命老区建设	对贫困地区的革命老区县给予重点扶持	基于地区
行业扶贫	发展特色产业	发展各类专业合作组织，完善农村社会化服务体系	基于地区
	开展科技扶贫	积极推广良种良法。围绕特色产业发展，加大科技攻关和科技成果转化力度，推动产业升级和结构优化	基于地区
	完善基础设施	推进贫困地区土地、水利、灾害防治、道路、电网和信息化等基础设施建设	综合
	发展教育文化事业	推进边远贫困地区各等级教育、就业培训和文化建设	综合
	改善公共卫生和人口服务管理	加强贫困地区医疗软硬件和计划生育工作	基于地区
	完善社会保障制度	加强农村低保、五保和养老制度以及住房条件等的改善	基于地区
	重视能源和生态环境建设	加快贫困地区可再生能源开发利用，加强自然保护区建设和管理	基于地区
社会扶贫	加强定点扶贫	力争对重点县全覆盖，各定点扶贫单位要制定帮扶规划，积极筹措资金，定期选派优秀中青年干部挂职扶贫	基于地区
	推进东、西部扶贫协作	制定规划，在资金支持、产业发展、干部交流、人员培训以及劳动力转移就业等方面积极配合，发挥贫困地区自然资源和劳动力资源优势	综合
	发挥军队和武警部队的作用	把地方扶贫开发所需与部队所能结合起来	基于地区
	动员企业和社会各界参与扶贫	推进集体经济发展和农民增收	基于地区
国际合作	开展国际交流合作	借鉴国际社会减贫理论和实践，开展减贫项目合作，共享减贫经验	综合

资料来源：根据《中国农村扶贫开发纲要（2011—2020 年）》整理。

　　毋庸置疑，如本书第 4 章的研究所示，以上基于地区为主的综合性扶贫开发政策发挥的作用不可忽视，尤其在进入 21 世纪之前。而这种政策高效的前提是贫困人口集中在落后地区，20 世纪 90 年代，中国的 592 个国贫县集中了 72% 的贫困人口，可见这种特点的确是 20 世纪中国贫困地理的最重要属性，也是以上瞄准落后地区的扶贫开发战略出台的基本前提。

但一方面，进入 21 世纪后，中国的经济社会发展和贫困的地理分布发生了剧烈的变化，到 2000 年只有 54.3% 的贫困人口生活在国贫县（汪三贵等，2007）。更何况最近十年，随着中国新型城镇化进程的快速推进，以往约束劳动力和资本流动的户籍制度与其他市场分割因素已经大大弱化，贫困人口由农村地区向城镇地区或国贫县以外迁移的趋势愈发明显。

图 6-7 是 2002~2010 年外出务工劳动力占比、政府或单位组织的外出劳动力占所有方式外出劳动力比重以及务工实际收入的演化图，可以看出，2003 年以来，国贫县劳动力外出务工的实际收入在持续提高，表明外出务工的吸引力在加大，除金融危机发生的 2008 年外，对应的外出务工人员数量也在持续增长。政府和单位组织劳动力外出务工的力度也逐渐增大，但绝对力度仍然很小，超过 95% 的国贫县外出劳动力是通过亲朋介绍或自己寻找外地工作，这表明扶贫开发中政府可以在促进劳动力流动方面大有可为。

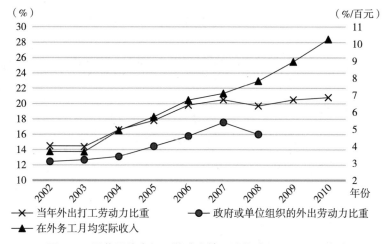

图 6-7 国贫县外出打工劳动力情况演化（2002~2010 年）

资料来源：《中国农村贫困监测报告》（2003~2011 年）。实际收入已经根据全国 CPI 调整为 2002 年不变价格。

虽然扶贫开发的空间瞄准对象已经由原先 592 个国贫县扩大到了 14 个连片特困地区的 680 个贫困县，但这种劳动力的大规模流动导致对贫困人口的瞄准效率却并无有效的改善（汪三贵等，2007）。

另一方面，如图 6-8 所示，经过三十多年的发展建设，尤其是进入 21 世纪之后，尽管贫困地区的基本生产生活条件与非贫困地区仍然有一定差距，但其基础设施和以医疗卫生服务为代表的基本公共服务建设已经有了大幅度进步。截至 2010 年，国贫县中通公路、电话和电视信号的自然村比例都接近或超过了90%，医疗卫生条件也有持续改善，参加合作医疗基金的农户比例已经超过了95%。到 2014 年，通电自然村比例已经接近 100%。根据"十三五"规划，到2020 年中国将全面实现小康社会，分困地区的基础设施和基本公共服务条件将持续改善，制度和市场一体化水平必然会大幅度提高。

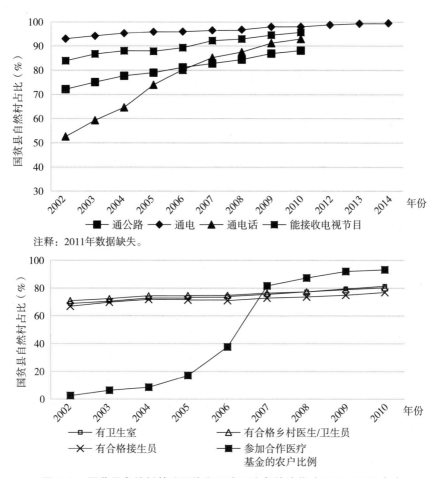

图 6-8　国贫县自然村基础设施和医疗卫生条件演化（2002~2014 年）

资料来源：《中国农村贫困监测报告》2011 年和 2015 年。

综合以上分析，本书认为反贫困战略应当继续坚持对落后地区的直接开发，继续完善其基本生产生活和机制体制条件，缩小其与发达地区的差距，实现基本公共服务和市场一体化。而在进入 21 世纪第三个十年，实现经济一体化之后，扶贫开发政策制定思路应该实现由基于地区向空间中性的重心转移，顺应劳动力流动的趋势，逐步放弃空间瞄准的扶贫开发模式，转而将政策对象瞄准贫困家庭和个体。

6.5 本章小结

本章梳理了伴随 2009 年和 2010 年经济开发政策出台高潮出现的两种区域开发思潮，发现有效的区域开发政策必须与制度发展水平相适应。进一步考虑中国国情，现行区域发展政策更加偏向于空间中性思路，加剧了区域差距，尽管基于地区的精确性政策已经起步，但仍然偏向于沿海地区，无法有效促进内陆落后地区的发展。

基于此，本章认为，中国区域政策的方向有两个：一方面，短期内，要提高区域发展尤其要重视内陆地区的政策精确性，完善落后地区地方性的基本公共服务制度，实现区域均等化，夯实经济一体化的基础；另一方面，长期来看，要推动经济一体化进程，充分利用集聚经济的益处，在制度完备的条件下，让市场力量决定资源配置，具体到扶贫开发即要求放弃区域瞄准的做法，将瞄准对象具体到家庭层面。具体有以下政策建议：

首先，提高政策精确性。结合落后地区制度和经济发展状况，进一步缩小政策实施的地理单元尺度，因地制宜地制定差异化开发政策，尤其要加强内陆落后地区的区域政策精确性，实现区域均等化的基本公共服务体系的建立以及在落后地区形成合理的空间经济结构，从而推动落后地区经济社会发展的追赶。

其次，不能将区域发展与扶贫开发政策等同（安虎森和郝寿义，1997），因此扶贫开发需要超越区域瞄准的层面，在实现基本公共服务均等化的同时，扫除要素流动障碍、建立全国统一的要素市场之后，将扶贫开发的瞄准对象转为贫困家庭和贫困个体，消除空间错配的制度性问题，引入适应人口流动现实的政策工具，帮助贫困人群分享集聚经济的益处。

再次，要将资源禀赋的分配权还于市场。换句话说，就是让经济发展的重心自然转移到沿海地区，进一步扫清劳动力、资本和商品流动的障碍，以此促进区域一体化进程，让内陆地区也能尽快享受到集聚红利。

　　最后，考虑地方背景，尊重地方文化和异质性发展，尤其是在制定实施扶贫开发政策时要提高灵活性，因地制宜地构建区域创新系统，让落后地区通过创新获得持久发展的动力。区域创新系统是可持续创新的基础性制度安排，而此系统的建立必须根植于本地的地理、文化、历史和制度背景，构建创新网络，形成各创新主体之间的良性互动才能推动创新，为发展提供不竭的动力。

第 7 章 农村扶贫开发的湖北案例[*]

中共十八大以来，在精准扶贫的思想指导下，中国脱贫攻坚战取得了决定性进展，六千多万贫困人口稳定脱贫。在此基础上，中共十九大报告提出，坚持大扶贫格局，致力于解决区域性整体贫困，做到脱真贫、真脱贫，坚决打赢扶贫攻坚战。

产业扶贫作为现阶段脱贫攻坚战决胜阶段的重要精准扶贫举措，在推动贫困地区建立扶贫长效机制上起到重要作用。而在深入研究产业扶贫现状及问题前，有必要以典型地区的具体模式为例理清其发展脉络。笔者在 2017 年 9 月对湖北省巴东县的产业扶贫状况进行了深入系统的调查研究，为产业扶贫的研究提供案例借鉴。

7.1 湖北省巴东县产业扶贫的历史进程

7.1.1 湖北省巴东县总体现状

恩施土家族苗族自治州位于中国湖北省西南部，西面和北面邻接重庆市，东临宜昌市，南邻湖南湘西土家族苗族自治州，东北接神农架林区。长江流经的巴东县位于恩施土家族苗族自治州的东北部，县境狭长，全县平均海拔高1053 米，小神农架海拔 3005 米，与大神农架田毗连，构成"华中屋脊"。

巴东集"老、少、边、山、穷、库"于一体，全县贫困率、贫困人口绝对数、贫困发生率等均居湖北省之首，是全省九个国家深度贫困县之一。"根据县政府提供的数据"，全县县城面积 3351 平方千米，辖 12 个乡镇、322 个村（社区），共有重点贫困村 118 个；总人口 49.86 万人，其中农村人口 42 万人，建档立卡贫困户 53718 户共 172424 人，贫困人口占农村人口的 42%。

* 南开大学经济与社会发展研究院硕士毕业生裴若莹对本部分内容亦有贡献。

7.1.2　巴东产业扶贫历史脉络

自中共十七届三中全会明确指出要搞好新阶段扶贫开发起，湖北省各级党委、政府充分认识扶贫开发的长期性、艰巨性和重要性，印发了《中共湖北省委、湖北省人民政府关于进一步加强扶贫开发工作的决定（2009~2012 年）》，力求扶贫开发达到"三基本、五实现"目标，其中就提及了大力实施产业化扶贫；

2013 年 8 月，《湖北省促进革命老区发展条例》认为对革命老区的支持可以以产业为基础、以市场为导向，依靠科技进步，因地制宜发展支柱产业、特色产业，加强产业化、规模化、集约化；

2015 年 12 月，巴东县委十四届五次全体（扩大）会议召开，审议通过了县委常委会工作报告、县纪委工作报告和《中共巴东县委关于制定巴东县国民经济和社会发展第十三个五年规划纲要的建议》，强调以"创新、协调、绿色、开放、共享"的发展理念扎实推进精准扶贫工作；

巴东县人民政府办公室于 2016 年印发《巴东县精准扶贫"发展生产脱贫一批"相关实施细则》，详述了巴东县农业产业扶贫实施细则，标志着巴东县产业扶贫新阶段的开始。

7.1.3　巴东经济发展概况

近几年来，通过实施一系列扶贫措施，已实现 39 个重点贫困村、24844 户 83404 人脱贫；截至 2017 年 7 月尚留存 79 个重点贫困村、28874 户 89020 人未脱贫。湖北省、恩施州、巴东县近年人均收入情况如图 7-1 所示。

2010 年和 2015 年分别是"十一五"和"十二五"规划的收官之年，而 2016 年是"十三五"规划的开局之年。根据图 7-1 中数据可以发现，在 2013 年至 2016 年经济发展速度趋于平稳的期间，巴东县农村居民人均纯收入的年增长率分别为 10.55% 和 11.00%，分别已经超过同期湖北省农村居民人均纯收入 9.17% 和 7.14% 的增长速度。

从收入增长的数据中可以看出，巴东县经济的新发展得益于国家的高度关注，2017 年上半年巴东县实现地区生产总值 41.07 亿元，同比增长 7.5%；实现财政总收入 4.9454 亿元，同比增长 18.34%；城镇居民人均可支配收入达到 12005 元，同比增长 9%；农村居民人均可支配收入达到 4292 元，同比增长 10%。

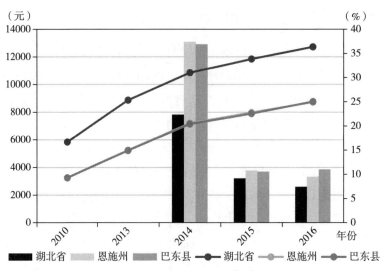

图 7-1　湖北省、恩施州、巴东县人均收入对比

　　但一个突出的问题是，巴东近两年的农村居民收入增速明显减缓，这和产业扶贫是否有内在联系，是否意味着产业扶贫收效有限呢？我们需要对巴东县产业扶贫有进一步的了解。

7.2　"农户＋合作社"产业扶贫的整体框架

7.2.1　产业扶贫基础

　　巴东县隶属于武陵山片区，随着国务院"协调渝鄂湘黔四省市附邻地区成立武陵山经济协作区，加快老少边穷地区经济社会发展"战略的提出和《武陵山片区区域发展与扶贫攻坚规划（2011—2020 年）》的正式启动，拥有着区域发展与扶贫攻坚试点工作的机遇。习近平同志曾指出，长江经济带发展必须坚持生态优先、绿色发展。

　　从自然条件看，巴东县地处中纬度，属亚热带季风气候区，气候特点是温暖多雨，年平均降雨量在 1100~1900 毫米，湿润多雾，水热条件好。县内水资源较为丰富，土壤酸碱度适中，种茶历史悠久，生态环境好，没有工业污染，有利于开发有机茶，再加上富硒的优势，市场竞争力强，具备发展产业、打造品牌的基础。

从地理位置看，巴东处于库区，在全国国土主体功能布局上本身就属于水土保护的主要功能区，种植茶叶是重要的生态措施，具有良好的经济效益和生态效益，因此茶叶种植一直在国家政策的支持与帮扶下发展。

7.2.2　茶叶扶贫举措

2016 年，巴东县政府出台了《县人民政府关于加快茶叶产业发展的意见》，意见从政府集中捆绑资金 1000 万元以支持标准化茶园基地建设、整合利用涉农优惠政策将茶叶基地纳入退耕还林、优先安排基础设施建设和土地整治项目、安排专项资金用于解决茶叶企业融资难的问题、安排市场开拓经费和科技培训经费等八个方面详述了巴东县政府把茶产业扶持壮大的举措，以及致力于把这一产业培育成为农民脱贫和增收的新的经济增长点的决心。

同年印发的《巴东县精准扶贫"发展生产脱贫一批"相关实施细则》规定，对种植茶叶的贫困户免费提供种苗，且种植后 3 年内每年每亩提供 100 元管护补助的奖补政策。这一政策下，以茶叶、柑橘、烟叶为重点发展的农业产业扶贫政策 2016 年度的兑现总金额为 630.95 万元，占产业扶贫政策兑现总金额的 38.19%，可见扶贫举措之成效。

7.2.3　"农户 + 合作社"模式

"农户 + 合作社"模式是巴东县帮助茶农发展茶叶产业的扶贫举措之一，具体由扶贫办牵头联合各乡镇开展工作。在自留地或租农田种植茶叶的在档贫困户可以领取政府提供的免费良种茶苗，每年每亩茶园可以领取 500 元现金补贴和 61 千克肥料，且种植后 3 年内每年每亩额外享受 100 元管护补助。合作社负责回收新鲜采摘的茶叶，聘请贫困户进行茶叶加工的培训后参与新鲜茶叶的揉捻、收青、风干、理条等后续制作，再统一对外销售，以实现贫困户茶叶包产销和拉动贫困户就业的双重目标，从而利用茶叶产业的发展实现脱贫。

笔者具体走访了巴东县溪丘湾乡甘家坪村，全村 545 户共 1930 人，自 2015 年起共发展茶叶 67 公顷，存活数约 40 公顷，2017 年预计新发展茶叶 33 公顷，政府提供 600 万元专项资金用于水保改田种植茶叶。实施"农户 + 合作社"模式的巴东县溪丘湾乡甘家坪村茶场在县委书记、县政协主席及县农业、溪丘湾政府等单位负责人的支持和指导下于 2016 年建成，现有一处标准化茶叶加工房及一条半自动化的茶叶加工生产线，茶叶成品已通过恩施州与巴东县食品药品监督管理局的严格验收，销售情况良好。

"农户＋合作社"模式带来的效益是否能够使当地的茶叶产业持续发展，是此模式可行与否的关键，本书将从经济、社会、生态效益等方面进行评估。

经济效益评估

农户种植一亩茶叶的成本如下：

茶苗：政府提供，免费；肥料：政府提供碳铵肥，免费甚至有余；采摘：2~3 人采摘一亩茶叶，平均支付酬劳 10 元 / 千克鲜叶。

收入如下：

合作社鲜叶收购价格：单芽 120 元 / 千克、一叶一芽 60 元 / 千克，二叶一芽 30 元 / 千克，平均价格为 20 元 / 千克；一亩茶叶可采摘鲜叶平均为 200 千克；一亩茶叶补贴：基础补贴 500 元；前三年维护补助为 100 元。

因此一亩茶叶的纯收入为 2600 元左右，是产业扶贫前纯收入的 2~3 倍。

合作社建设厂房和设备的成本是由政府担保和贴息的银行贷款，其中茶叶加工的设备政府提供 30% 的补贴，人工成本是为贫困户提供 300 元 / 天的工资，原材料成本是向农户收购的均价为 20 元 / 千克的鲜叶，平均 4.5 千克鲜叶可以生产 1 千克干茶；成品茶销售价格随市场波动，如 2017 年春茶市场，价格从 60 元 / 千克到 500 元 / 千克不等。

合作社的收入主要取决于农户的产量和由市场需求和茶叶品质等多重因素决定的销售价格，其发展前景仍有较大不确定性。同样地，由于合作社销售干茶价与量的双重不确定性，农户种植的茶叶收购价与量也存在不确定性，因此农户种植茶叶的纯收入在 38805 元 / 公顷、户均 0.3 公顷的基础上有较大波动。

社会效益评估

巴东县种植茶叶历史较为悠久，但茶农种植和采摘茶叶的技术和方法在新科技时代都还处于探索阶段。茶叶虽然不属于需要非常精细呵护的农作物，且扶贫工程一年几度开展茶叶春管培训和优茶研制培训活动等加强了农户的耕作能力，但在种植过程中仍需要做好植物病虫害的检测和化肥、农药的使用和监管。

此外，茶叶的采摘和制作过程对最终茶叶成品的品质起着决定性作用，而仅经过简单培训就参与采摘和制作的贫困户并非都具备制作高品质干茶的娴熟技术，这可能会对巴东县茶叶的销量和品牌效益产生影响，因此这些方面也需要特别关注。

环境效益评估

对地处库区的巴东而言，种植茶叶是保护水土重要的生态措施，具有良好的生态效益。同时，许多农户家里圈养猪鸡鸭等家禽家畜时产生的粪便也可以作为茶叶种植的良好肥料，减少了动物粪便随意堆放对空气的影响和产生疫情的可能性。但用有机肥对茶叶进行浇灌时仍要注意对疫病的防范，防止发生生态污染。

7.2.4　引发的思考

"农户 + 合作社"模式在溪丘湾乡的实施仅一年有余，这是国家实施茶叶产业扶贫的重要举措之一，政府大力帮扶贫困户发展茶叶产业，贫困户也寄希望于此脱贫致富。但面对现实，贫困户要想在国家的帮扶下顺利发展茶叶产业这一模式并进一步扩大施行范围的道路是曲折的。在"农户 + 合作社"模式的效益评估外，笔者还从中引发了如下的思考：

采茶用工情况的保障

巴东县茶叶基地大部分在二高山，近两年新建的茶园目前投产较少，因此大部分茶园不适机采、需要人工采摘。笔者在实际的调查过程中发现，目前留在农村从事农业生产的主要是 50 岁以上的老年人，劳动力多外出打工等原因导致采茶用工矛盾突出。

专业合作社资金的到位

茶叶专业合作社的资金需求体现在扩大合作社规模、购进新制茶设备和每年春季产茶高峰期时收购农户鲜茶叶的周转资金。目前合作社资金主要采取企业自筹、借款等措施，因此资金缺口较大、融资难等问题突出。为促进合作社的进一步发展，通过政府专项资金支持保障专业合作社扩建和收购资金到位刻不容缓。

干茶市场价格的把握

产业扶贫政策的制定是为了切实给贫困户创造收益，响应政策号召的合作社在向茶农收购鲜茶叶时也都尽量给出较高的价格，但这一价格也受到干茶市场价格波动的影响。但干茶市场稳定性欠佳，价格行情的把握相当困难，需要周期性地对产销形势做出预测和判断。

7.3　走访调研的研究结论

7.3.1　巴东县百姓对产业扶贫的认识

由于巴东县地处山区，且贫困户集中在较为偏远的农村地区，考虑其地理位置的特殊性和交通运输的不便程度，在政府扶贫办工作人员的建议和协助下，此次田野调查选择在产业扶贫较为典型的溪丘湾乡进行。笔者具体走访了巴东县溪丘湾乡下辖的甘家坪、将军岭以及谭家湾三个行政村，基于贫困户文化水平和调研时间等多方面因素的限制，一周内共对十户在档的贫困户采取入户深度访谈的方式进行调研，获得了较为翔实的数据和资料，为巴东县百姓对扶贫认识的研究提供了材料。

经济状况

人均纯收入是衡量国民经济水平的重要指标，考虑到贫困农村有不少外出务工的年轻人与中年人，笔者对巴东县贫困户生存状况调查以家庭年收入为指标。

从走访的十户贫困户来看，家庭年收入在5000元以下的有一户，这位大伯主要靠国家低保金生活，同时种植少量高粱、水稻和玉米，养两头猪补贴家用。年收入较高（20000元以上）的家庭在种植相对大面积的茶叶外，还有外出务工的家庭成员。巴东县贫困户的经济状况总体特征可以用比较的形式总结为"劳动比低保收入高，种茶叶比种粮食收入高，外出务工比田地耕作收入高"。

工作状况

根据上文经济状况可以发现，贫困户家庭年收入水平与其从事的工作存在一定的联系，因此对走访的十位贫困户及其家庭成员的就业情况进行了详细的记录。

在这些村民的工作性质调查中，务农（包括种茶叶）占比最大，约为42%，其中种植茶叶的人数为种植其他作物的两倍；仅次于务农的外出务工，人数占1/3；而除了家里的学生，在企事业单位工作或已退休的人数相当少。根据了解，这十户家庭中有九户有外出务工的家庭成员，其中家里有两个及以上外出务工人员的占比为50%，可见这种方式已经成为农村贫困地区家庭挣钱的主要途径。

另外笔者发现，当地农民在外务工从事的行业主要受性别和年龄影响。

生活状况

笔者对这十户贫困家庭除柴米油盐酱醋茶等基本生活开销以外的家庭收入主要用途进行了总结，十位访谈对象共计提及"用于亲戚朋友间人情往来"10次、"用于家里小孩上学"9次、"用于赡养老人"7次、"用于给儿子娶媳妇"5次，以及"用于造新房并为家里添置家电家具等"3次。

访谈过程中，有四户贫困户坦言虽然近几年收入有所增加，但单靠种庄稼、种茶叶并不够家庭开销，大多数时候都需要外出务工的丈夫或子女用工资补贴家用；而剩下认为足够开销的六户被调查者中，有一对是没有老人需要赡养也没有子女需要上学的中年夫妻，其余五户家里茶叶的种植面积都较大。

7.3.2　巴东县百姓对产业扶贫的几点疑问

在农村固有思维和获取信息途径的限制下，贫困百姓对产业扶贫项目和政策了解较少，他们关注的不是国家拿出多少资金扶持，而是自己切实可以多赚多少钱、自己是否可以脱掉贫困的帽子。在此背景下笔者将访谈过程中收集到的与百姓对产业扶贫的认识相关的信息总结为以下几点疑问。

农民思想认识与扶贫政策不同步——种茶叶是否真的能赚到钱？

不止一位贫困户在访谈中提到了乡间流传的一句老话："饭能吃得饱，茶叶喝不饱。"从这一句话，可以窥探到普通务农的百姓对种茶叶的态度，他们认为种粮食可以解决温饱问题，但是茶叶只能用来喝，不能切实解决生存问题。此外，由于种植新茶苗后的三到四年内，茶苗仍处于成长期，每年能够采摘的鲜茶叶非常有限、农民收入主要靠种植其他经济作物或圈养牲畜，只有等到茶苗成长为成熟茶后，种植茶叶的经济效益才会有较大的提高。因此老百姓在等待茶苗成长的这几年间对"茶叶是否真的能赚到钱"这一疑虑会不断加剧，这是农民思想认识与扶贫政策间存在不同步的一个具体表现。

农民致富心理与致富信心不一致——是否真能靠政策脱贫致富？

在对贫困户的走访过程中，笔者发现大多数老百姓都有着强烈的渴望脱贫致富的心理，但在回答"是否会借助国家的产业扶贫政策，通过种植茶叶发展经济？"这一问题时，并非所有人都给出了肯定的答案。一方面，由于农村人口空心化导致产业扶贫的劳动力基础不够牢固；另一方面，中老年人认为自己已经年纪大了，种不了几年茶叶了，也不指望能赚大钱。

有一位六十多岁的大伯告诉我他还是有点怕亏钱，现在靠着几亩茶园和国家补贴能够解决吃喝，日子也能够过下去。从村民的叙述中能够切实感受到农民致富心理与致富信心的不一致，老百姓看了太多原来失败的例子，也就自然而然地对现在政府扶持的产业信心不足了。

农民切实需求与政策落实有矛盾——政策是否能满足发展需求？

第一个方面，巴东县茶叶产业扶贫开展已久，直至 2016 年才开始将扶贫补助落实到户，以往国家下拨大批扶贫专项资金用于整体产业的发展，老百姓看不到切身所得、感受不到实际利益，所以对政策是否能够满足产业发展需求心存疑虑。

第二个方面，本次走访的三个村子的水电路等基础设施正在不断完善中，农民在现阶段对高水平人才和先进技术的需求相对较迫切，但产业扶贫的政策主要力度集中在补贴等方面，在技术培训上略有不足，可能与农民切实需求间存在一定的矛盾。

第三个方面，关于小额贴息贷款，在访谈时，半数贫困户告诉笔者他们不会向银行借贷，可见这一阳光政策并不被老百姓完全看好，他们认为在真的需要资金发展产业时政策不一定能够帮助他们满足需求。

7.3.3 巴东县扶贫工作人员对产业扶贫的认识

本次调研对巴东县扶贫工作人员的访谈分为三个部分，即政府扶贫开发办公室、农业局发展生产脱贫办公室，以及基层的溪丘湾乡甘家坪村村长（茶场厂长）。根据访谈内容总结出巴东县扶贫工作人员对产业扶贫亮点和不足的认识：

产业扶贫政策的亮点

第一，在《湖北省促进革命老区发展条例》的指导和茶叶产业扶贫政策的带动下，水电路等基础设施正在不断完善中，实实在在地为老百姓提供了生活上的便利，而预计三年内完工的集农家休闲、红色教育和茶园风光于一体的新型旅游产业扶贫项目更是能带动当地经济发展，让老百姓在旅游产业上创收的同时实现茶叶产业的增收。

第二，政府扶贫资金专款专用展现公平，一部分"补贴到田"，对每一亩茶田给予"500 元 +100 元"的补助，另外单独拨出 1000 万元资金用于茶园建设，其中的 5% 固定用于管护，确保了产业扶贫的持续发展。

第三，巴东县的产业扶贫强调"脱贫不脱政策"，经过几年的扶持，不少村子脱离贫困村的行列，但是政府将持续进行补贴，力争将当地的产业发展壮大，从而带领老百姓脱贫后再致富。

产业扶贫政策的不足

第一，巴东县产业扶贫政策正处于完善期，每一年根据具体实施的情况出台新的、更贴合实际的补贴方案和实施细则是必要的，但上级政策制定部门如果不深入考察，仅仅凭借每年的扶贫工作报告对政策进行修订，可能会导致扶贫政策偏离实际需求的轨道，无法切实为贫困户带来经济效益。

第二，全县扶贫地区和扶贫对象的资源公平分配是扶贫政策杜绝腐败的一大亮点，但平均主义倾向会使得深度贫困地区扶持力度不够，而浅度贫困地区的支持可能存在过剩现象，从而导致产业扶贫兑现效率降低。

第三，农民的小额贴息贷款存在需要担保人的障碍，可见一些惠民政策的落实仍存在不足，可能存在真正需要资金的贫困户贷不到款而不需要被扶贫的投机者贷到款的现象，导致了扶贫政策实施的低效率和资源浪费。

7.4　政策建议

根据巴东县农业局茶叶办提供的茶叶产业布局规划图，笔者了解到巴东县茶叶产业扶贫规划到 2020 年，全县茶园面积达到 10 万亩，其中建设出口基地面积 3 万亩，年茶叶综合产值达到 10 亿元。为了能将巴东县茶叶产业建设成为独具特色的现代农业产业、生态产业、绿色产业、富民产业，笔者联系多地茶叶发展的举措，总结出适合巴东县的"六大工程"建议，希望能够为推进茶叶产业建设的突破性发展提供帮助。

7.4.1　实施服务体系健全工程

一方面，成立茶叶工作机构，全面负责全县茶叶产业的规划与指导。以各大茶叶研究院为依托，加快推进茶树良种选育、茶苗快速繁育、茶园机械化管理和茶叶采摘、茶叶加工、茶叶现代化管理模式等关键技术的研究与开发。

另一方面，切实解决产业扶贫政策宣传不到位，导致部分群众对扶贫工作不理解、不满意，甚至误解的现状，加强与帮扶对象的有效沟通，从而制定更实际的帮扶方案，以提高老百姓的满意度。

7.4.2　实施茶叶示范园创建工程

在生产管理上，始终按照茶叶产业扶贫细则中"生态化、良种化、规范化、标准化"的要求和"集中连片、合理规划、规模发展"的原则，持续新建茶叶基地、制定标准化技术规范、加强品牌茶注册商标和地理标志保护。

7.4.3　实施龙头企业培植工程

基于散户帮扶的限制，可以考虑培植企业继而带动就业的扶贫形式。重点扶持市场带动力强、辐射面大的龙头企业，同时大力支持中小茶企，使中小茶企全方位覆盖全县所有茶叶基地。扶大扶强一批茶叶专业合作社，实现茶叶生产由分散经营向规模化经营的转变。

7.4.4　实施名优品牌培育工程

大力支持"恩施硒茶"公共品牌的培育，按照"政府引导扶持、龙头企业市场运作、中小企业广泛参与"的原则，加快茶叶品牌整合，使巴东地区较为有名的金果、真香茗等品牌进一步优化，真正形成规模优势和品牌效应。

7.4.5　实施茶文化建设工程

可以开展茶叶评比活动、筹建茶博物馆和茶文化广场、加强茶文化与旅游业的融合，大力发展茶旅游、茶观光、茶摄影，打造茶旅游精品景点和茶庄园，以茶兴旅、以茶促旅。此外，积极组织茶叶企业参与国家、省、州、县茶叶评比和茶叶博览会等茶文化交流活动，展示巴东茶叶品质特色，树立品牌形象，扩大巴东茶叶的知名度和市场占有率。

7.4.6　实施茶叶人才培育工程

要想茶叶产业能够持续发展，就必须改善巴东县贫困农村"空心化"的状况。政府可以出台人才管理计划，提供优惠政策和资金支持以吸引年轻人回乡创业、长期对外招聘茶叶专业如深加工技术人员以提高巴东县干茶产成品品质等，从多方面实施茶叶人才培育工程，推进茶叶产业建设长久地发展。

第 8 章　农村扶贫政策的改革：经验和方向*

多年来扶贫政策的调整与改革为中国实现 2020 年全面脱贫的目标提供了有力保障，从中我们总结了以下几点成功经验，并对 2020 年实现全面脱贫目标以及未来的扶贫政策构建提出了若干设想。

8.1　中国农村扶贫政策的经验

8.1.1　发挥生产力释放的减贫效应

经济社会的整体进步是缓解贫困的最主要动力源泉。基于跨国数据的研究发现，相对于收入分配，经济增长因素揭示了 70% 的短期贫困的和 95% 的长期贫困波动（Kraay，2004）。改革开放以来，中国生产力的持续释放也体现了显著的减贫效应。根据拉瓦雷和陈（Ravallion and Chen，2007）的估计，中国居民收入增长率对贫困发生率的弹性高达 –3.0 左右，而其中农业部门的弹性更是达到 –8.0。在中国共产党的领导下，从土地革命到改革开放等一系列重大改革举措有效促进了中国"亲贫困式"的经济增长，在经济建设取得显著成就的同时，使得"三农"领域的生产力得到了巨大释放，成为中华人民共和国成立以来缓解我国贫困的第一推动力。

8.1.2　构建相对完善的扶贫政策体系

经过数十年的扶贫实践，中国构建了一套相对完善的农村扶贫政策体系。目前中国农村地区减贫相关的主要政策大致可以分为特惠型和普惠型两类，前者专门针对贫困人口或弱势群体，包括农村扶贫开发、农村最低生活保障制度、

* 本部分内容发表于《齐鲁学刊》，2021 年第 5 期，发表时有删改。南开大学马克思主义学院讲师王元亦有贡献。

农村五保供养、城乡医疗救助、自然灾害救助、特困人员救助供养、农村残疾人扶贫开发以及临时救助；后者的瞄准对象则没有经济或社会地位的要求，主要由新型农村合作医疗以及城乡居民基本养老保险两项制度构成。

如表 8-1 所示，农村扶贫开发针对的是国家划定农村贫困地区中的贫困劳动力，包括以工代赈、易地扶贫搬迁、东西协作扶贫等具体举措，主要由中央财政支持，国务院扶贫办协调多部门联合发力，对应无劳动能力的贫困人口则依靠主要由民政部主管、地方财政或个人筹资的各类社会保障和救济政策。这种扶贫政策格局一定程度上偏向了贫困劳动力，希望激发贫困劳动力的自我脱贫潜力，借此带动贫困人口的整体脱贫。同时，覆盖全体农村居民的医疗和养老保险制度也已经初步建立。

表 8-1　　　　　　　　　　　我国的扶贫相关政策体系

类型	名称	瞄准对象	主要资金来源	主管部门
特惠型	农村扶贫开发	连片特困地区以及扶贫开发重点县和重点村中在扶贫标准以下具备劳动能力的农村人口	中央财政	国家乡村振兴局
	农村最低生活保障	家庭年人均纯收入低于当地最低生活保障标准的农村居民	地方财政，中央财政对财政困难地区给予适当补助	民政部
	医疗救助	最低生活保障家庭成员和特困供养人员	地方财政	民政部
	自然灾害救助	基本生活受到自然灾害严重影响的人员	地方财政	民政部
	特困人员救助供养	无劳动能力、无生活来源且无法定赡养、抚养、扶养义务人，或者其法定赡养、抚养、扶养义务人无赡养、抚养、扶养能力的老年人、残疾人以及未满 16 周岁的未成年人	地方财政，中央财政给予适当补助	民政部
	农村残疾人扶贫开发	农村贫困残疾人	中央和地方多渠道安排筹措资金	国务院扶贫开发领导小组办公室

续表

类型	名称	瞄准对象	主要资金来源	主管部门
特惠型	临时救助	因火灾、交通事故等意外事件，家庭成员突发重大疾病等原因，导致基本生活暂时出现严重困难的家庭；因生活必需支出突然增加超出家庭承受能力，导致基本生活暂时出现严重困难的最低生活保障家庭；遭遇其他特殊困难的家庭。因遭遇火灾、交通事故、突发重大病或其他特殊困难，暂时无法得到家庭支持，导致基本生活陷入困境的个人	地方财政，中央财政给予适当补助	民政部
普惠型	新型农村合作医疗	农村居民	个人缴费、地方财政和中央财政多方筹资	人力资源和社会保障部
	城乡居民基本养老保险	年满 16 周岁（不含在校学生），非国家机关和事业单位工作人员及不属于职工基本养老保险制度覆盖范围的城乡居民，可以在户籍地参加城乡居民养老保险	个人缴费、地方财政和中央财政多方筹资	人力资源和社会保障部

资料来源：笔者根据国务院网站等来源的相关文件资料整理。

8.1.3　对贫困地区与人口的持续大规模资金和政策支持

与扶贫政策体系相协调的是中国对扶贫开发领域的大规模投入。以中国扶贫开发的主战场国贫县为例，根据 1986~2010 年的数据测算，每年县均可以获得扶贫资金投入 3500 万元，占同期县均财政收入的 9.97%。历年的具体情况可见图 8-1，可以发现，国贫县扶贫资金的投入总量和县均扶贫投入在不断增加，到 2010 年已经超过 500 亿元，尽管扶贫资金占地方财政收入的比重呈下降趋势，但其比重最高超过了 35%，最低仍然在 5% 左右。这充分表明了国贫县获得资金支持力度之大。

在非资金的扶贫项目和政策优惠方面，东西协作和定点帮扶多以国贫县集中的地区或国贫县为对象，各种劳动力培训转移项目、信贷扶贫资金支持的农业产业化项目、贫困地区的义务教育工程、"一费制"改革、"两免一补"和高招加分等教育政策主要在国贫县或从国贫县开始实施。另外，还有其他一些产业和税收等优惠政策，包括农业税减免等政策专门针对或优先惠及国贫县。

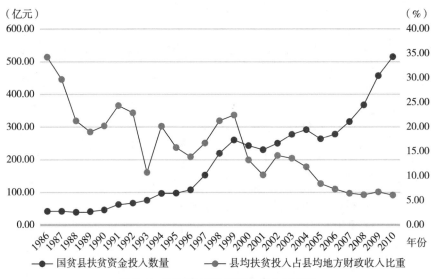

图 8-1　对国贫县扶贫资金投入的演进

更重要的是，当前中国中央和地方都配备了高规格、联合式扶贫开发领导小组负责扶贫开发任务的统筹协调，特别是中共十八大以来，脱贫攻坚被作为地方官员考核的重要任务，为以上资金和政策的有效落地提供了保障。例如国务院扶贫开发领导小组由国务院副总理兼任组长，成员包括国务院办公厅、中央军委政治工作部等十几个国家部委。各级地方政府也成立了扶贫开发领导小组办公室，负责本地区的扶贫开发工作（莫光辉和杨敏，2019）。

8.1.4　建立从区域到个体的扶贫瞄准制度

根据贫困发生的规模和特点变化，中国在扶贫工作中探索建立了从区域到个体的系统性瞄准制度，为后续的帮扶政策落地实施打下了基础。区域瞄准适应于当时中国贫困人口分布的区域集中和落后地区发展水平整体滞后的特征。21 世纪之前，中国的贫困瞄准主要基于区县，通过对贫困县的开发进行整体帮扶。进入 21 世纪后，又进一步将瞄准对象细化调整至贫困村，要求认定的贫困村自下而上制定村级发展项目，通过项目实施带动贫困人口增收脱贫，实现"整村推进"的参与式扶贫开发。2011 年，《中国农村扶贫开发纲要（2011—2020 年）》划定 11 个区域的连片特困地区和西藏、四省藏区、新疆南疆三地州是扶贫攻坚主战场，这些地区覆盖了全国大多数农村贫困人口。中共十八大以来，区域扶贫效果的降低和贫困地区贫富差距过大的不利影响使得精准扶贫和精准脱贫成为扶贫工作的基本方略。2014 年 4 月，国务院要求在年底前在全国范围内建立扶贫开发建档立卡工作，将瞄准对象细化至贫困个体或家庭，结合已有的农村低保制度，个体或家庭瞄准在全面脱贫目标实现的过程中发挥了基础性作用。

8.2　扶贫政策的改革要点

目前中国已经实现了"现行标准下农村贫困人口实现脱贫，贫困县全部摘帽，解决区域性整体贫困"的全面脱贫目标，进入了建设社会主义现代化强国初期，但扶贫，特别是针对相对贫困的帮扶，将是伴随任何经济体发展的永恒话题，中国将进入以乡村振兴带动扶贫开发，并向减缓相对贫困转型的高质量扶贫时期。这种发展背景和要求的转变需要对当前的扶贫政策体系进行改革，本书总结了如下改革要点。

8.2.1　构建防止返贫的激励机制，巩固脱贫攻坚成果

政府主导的扶贫开发能够有效克服市场失灵，帮扶无法通过市场机制提高收入的贫困人口，这一点已经在过去中国的扶贫工作中得到了验证。其中地方官员作为发展地方经济的最主要决策者，在未来的扶贫工作中将继续主导帮扶资源和政策的分配，发挥主要的领导作用。避免扶贫成为运动式、任务式的工程，缓解相对贫困，必须让其获得合理的激励（周黎安，2007）。特别是要防止全面脱贫后，地方对扶贫工作的松懈导致返贫致贫现象。一方面，需要将返贫指标作为中央考察地方官员政绩的常态化指标，鼓励地方政府创新扶贫手段，发展特色产业，将乡村振兴与扶贫更紧密地结合起来；可结合主体功能区制度的分类考核体系，对相对贫困地区专门设立项目考核的多层次、多目标体系，加大对相对贫困人口生活质量改善的考核，可以考虑设立扶贫项目的农户参与度、满意度指标以及项目的社会、经济发展指标等，实现扶贫工作由开发式扶贫向内源式发展的转向。另一方面，要提高与基层工作难度和强度相匹配的工资福利待遇，引进踏实肯干的优秀人才，让有能力的人才有动力投身扶贫工作。在个体层面，对由于长期贫困导致抱有"等、靠、要"思想的贫困人群要根据本地实际提高条件性扶持的比重，包括利用以工代赈和教育培训补助等手段激

发贫困人口的致富活力。

8.2.2 改善帮扶对象的识别制度，提高瞄准的精准性和全面性

目前中国的贫困识别采用规模控制、指标分解的方法。各省根据国家统计局调查得出的乡村人口数量和贫困发生率，将贫困人口识别规模按市、县、乡、村的层级逐级分解（雷明等，2020）。由过去的贫困识别只针对农村地区扩展到城乡全面覆盖，尤其是加强对农村转移劳动力等重点人群的相对贫困识别，改革扶贫开发、社会保障和救济政策以户籍为基础的瞄准制度，以行政区域内常住人口作为扶贫基础，提高政策城乡融合程度，应对城镇化和户籍改革的挑战；逐步放弃以国贫县和贫困村为基础进行帮扶的"一刀切"区域瞄准制度，逐渐将瞄准对象直接针对相对贫困家庭，简化扶贫资源的分配环节。

以提高生活质量为导向，制定相对贫困地区和家庭的多维标准，加强识别精度，根据地方实际情况灵活采取如表 8-2 所示的地理瞄准法、代理平均法、自瞄准法以及社区瞄准法识别策略。

表 8-2 贫困户识别的方法

方法	特点	优点	缺点
地理瞄准法	对穷人集中的地区进行扶持	识别和政策执行成本低	政治上具有争议性
代表性财产检测法	调查家庭中易于观察、验证和难以伪造的财产特征进行计算后代理收入情况	简便易行，真实性强	可靠性取决于计算公式以及调查质量
自报告法	允许个人有成本地申请扶贫政策扶持	有效排除富人获得扶持的情况，调整灵活	无法提前估计扶贫投入
社区评议法	社区成员评议选出受扶持个体	政治上受欢迎，与社区成员的直观感受一致	精英俘获，相对贫困区域间不可比

注：根据汉娜和卡兰（Hanna and Karlan，2016）整理。

抛弃"一刀切"认定相对贫困家庭的界定方式，按照整体生活质量，分梯度制定识别标准、扶贫政策，消除扶贫资源分配的矛盾，同时使扶贫政策更精准地惠及生活水平略高于相对贫困门槛的群体，降低返贫率；基于当前单一的贫困线，制定与本地收入、消费水平和家庭规模相符的多水平相对贫困线；同时引入更全面的相对贫困家庭识别机制，考察相对贫困人口的收入水平、人力

资本和物质资本，同时要将社会资本层面的指标考虑在内，同等条件下优先扶持社会关系网络薄弱的家庭，消除社会资本的自排斥效应。

8.2.3　整合协调各部门减贫举措，建立城乡统一的综合性扶贫政策体系

中国农村扶贫政策工具的种类和数量已经十分可观，涉及各级发改、民政、财政、银行、农业、卫生、教育和人保等几乎所有职能部门，尽管从中央到地方各级都成立了负责扶贫开发工作的扶贫办等组织机构，但其掌握的资源和权力有限，部门间的沟通成本仍然较高，而且有的政策并未纳入统一的扶贫开发工作范畴中，导致政策间缺乏有机协调。以扶贫资金的统筹整合为例，由于扶贫资金来源庞杂，多头林立的资金管理体制使扶贫资金难以统筹利用，不能做到高效率的协调各类扶贫资源，平均主义倾向较为严重，难以形成扶贫合力，造成扶贫资金使用分散、项目安排不符合实际、扶贫资金到户率低等问题。

同时，城镇化的快速推进带来了新挑战。首先，大量农村劳动力转移到城市，造成了农村的普遍"空心化"，导致内需不振，扶贫开发的产业基础薄弱。同时当前的多数扶贫政策，尤其是专项农村扶贫开发政策仍然以农村户籍的人口为基础进行资源配置，无法有效应对劳动力转移的变化，包括扶贫开发项目的参与性不强以及对扶贫开发工作的监督力度不够等问题凸显。另外，大量的农村转移劳动力并未完全脱离农村，他们的父母子女可能仍然在农村生活，需要将城市务工的收入大部分寄回家中并且定期返乡，表面上看留守在农村的人口有了在外劳动力的扶助，摆脱了贫困，但外出劳动力在城市的生活往往并不富足，也就是产生了贫困由农村向城市的转移，但相关的扶贫政策并未覆盖这部分流动人口。尽管近些年新型城镇化和异地扶贫搬迁的建设将大量村庄进行了集体拆迁安置，建设新型农村社区，一定程度上显现了集聚经济的好处，改善了农民的生活条件，但也应该看到，多地实践的这种运动式的集体安置或造成新的贫困形态：一方面产业发展未及时配套导致搬迁户失去收入来源，另一方面相对于传统村落的分散居住，在新型农村社区生活的成本将大幅度提高，原本收入较低的农民更难以负担，现有低保补助和扶贫政策优惠的边际效应相对更加弱化。

大量研究已经表明，只有综合扶贫项目才能有效提高贫困人口的长期收入（Banerjee et al.，2015；胡联等，2015），这要求扶贫开发工作必须统筹多种政策

工具，协调扶贫开发、社会保障和社会救助等扶贫政策的制定和实施，同时涵盖城镇和农村地区，构建综合性、覆盖城乡的统一扶贫政策体系。一方面，在扶贫手段上，不仅要从转移支付和产业发展方面给予相对贫困人口直接的周济，还要同时从补充保险市场、纠正行为扭曲以及鼓励资产累计等多维度进行帮扶，从化解多维贫困的角度全面提升相对贫困人口和地区的自我发展能力。具体的做法是：提高各级扶贫办的资源整合能力，针对不同来源的政策和资金项目要从全局统筹安排，杜绝平均主义，形成政策合力的同时避免资源的重复浪费。因地制宜地引入电商扶贫、生态补偿扶贫和资产收益扶贫等创新手段，深化三权分置的土地制度改革，盘活相对贫困地区的资产存量，与传统扶贫措施互为补充，提高扶贫效率。另一方面，要融合目前城镇和农村的二元扶贫政策结构，随着城乡差别的户籍制度的取消，要进一步推进城乡公共服务均等化建设，逐步建立将农村居民纳入覆盖范围的工伤保险、生育保险和失业保险制度，全面构建大扶贫政策体系。

8.2.4　加强贫困数据收集和扶贫政策评估研究，加强政策制定的科学依据

目前中国的官方贫困数据包括三个数据来源：一是覆盖全国的农村住户抽样调查，样本数为68000户，用来推算全国和分省、区、市农村贫困人口数量和特征；二是在所有国家扶贫开发工作重点县、四省藏区及南疆三地州开展的国家贫困监测专项调查，反映贫困地区贫困人口数量和特征变化情况；三是不同级别行政区的统计资料，主要提供区域发展的背景资料（鲜祖德等，2016）。可见，中国基本的贫困监测体系已经建立，但问题仍然很多。

第一，现有贫困相关统计数据仍然不够全面完整。宏观上看，从中央到地方各级行政区公开可用的贫困数据十分稀缺，各类年鉴中基本都不包含贫困相关的统计指标，仅有的《中国农村贫困监测报告》相对系统地报告了贫困相关的各类指标，但仅局限于国贫县样本；微观上看，相关的监测调查不够系统全面，忽略了对政策评估相关数据的收集，而且目前仅有少数学者能够通过非公开渠道进行使用，这些问题大大限制了中国贫困研究的进展。

第二，中国的贫困线的设定不够科学，可能导致贫困状况误读。尽管目前中国设定的贫困线已经高于国际水平，但仍然存在两方面的主要问题：一方面，中国地区和城乡间经济社会发展水平和人民生活习惯差异巨大，但贫困线却并

没有进行对应的调整，无法准确反映当地的最低生活成本，相应的低保标准能够反映当地的物价水平，但低保线的设定往往受地方政府财力的巨大约束，也无法反映真实的贫困线；另一方面，同等福利条件下不同规模家庭的生活成本也存在显著差异，但中国的贫困线仅针对了个人生活的状况，无法反映农户家庭的基本生活成本。

第三，政府主导进行的扶贫监测往往低估实际贫困状况（Deaton and Kozel，2005），中国官方估计的贫困情况同样被低估（Zhang et. al.，2014），无法为了解贫困状况、评估政策效果进而优化扶贫政策提供真实的数据基础。

当前扶贫政策问题的重要症结之一是缺乏可用于政策效果评估的贫困数据以及在此基础上的政策实施效果的考核。没有真实的贫困状况和政策效果反馈，官员考核和政策调整便无依据可循。因此，未来的相对贫困监测系统需要进一步完善，加强监测背后的经济学设计，扩大贫困数据的收集深度和广度，并向学术研究者开放必要的使用权限，鼓励进行扶贫效果评价研究；充分利用国内外大学和科研机构等非官方学术机构的调研成果，建设独立于地方政府的相对贫困监测体系，避免对数据的政治性干预；以调查数据和相对贫困理论为基础，设置根据城乡、区域和家庭规模结构分类的差异化相对贫困线指导贫困统计；再者可以有效利用网络信息化这一时代契机，整合各部门已有的普查或调查数据以及相关信息，建立相对贫困和扶贫政策信息大数据库，为监测相对贫困动态和评估政策效果提供数据基础。

第 9 章　结论与展望

9.1　研究的主要观点

本研究得出的结论主要有以下几点：

第一，本书发现进入 21 世纪以来，中国的贫困程度整体上有大幅度缓解，但 2009 年之后的减贫效率明显弱化，到 2012 年中国的城乡贫困人口仍然超过 1 亿人，而且贫困分布的空间异质性较强；尽管农村低保和扶贫开发投入显著缓解了农村和国贫县的贫困程度，但其与城镇以及非国贫县的生活水平差距仍然较大，且这种差距并没有缩小的趋势，而相对于东部和东北部地区，经济增长对中、西部地区的贫困减缓作用仍然有潜力可挖。

第二，对 20 世纪 90 年代以来至 2010 年扶贫开发政策的评估表明，以国贫县为瞄准对象的扶贫开发政策在短期内可以有效促进农民增收，被列入国贫县的区县在 3~5 年的短期内农民增收效果显著，可以提高农民收入超过 30%；但从 10 年以上的中长期看，政策的增收效应不够乐观，政策的可持续脱贫能力有待改善。

第三，从社会资本视角切入的微观计量研究发现，农户的社会资本有助于其俘获扶贫开发资源，使得国贫县社会资本更高的贫困人口更容易提高收入而摆脱贫困，同时与政府干部和本地村民的关系密切程度有助于扶贫开发资源的俘获。这意味着本地化的政治性社会资本会显著影响基层资源分配，造成"精英俘获"，为扶贫开发政策的失效提供了一个理论解释。

第四，通过案例研究发现，近些年世界范围内的区域发展政策主要遵循了"基于地区"和"空间中性"两种思路，中国的部分区域发展政策基于前者的逻辑，但更多的遵循了后者的思路。在中国多数地区制度环境不完善的情况下，这种政策结构往往会导致"基于地区"的政策失效，加剧区域差距；这要求未来的扶贫开发和其他区域发展政策的制定和实施要更加注重政策的空间效应，提高政策效率；在短期内，要提高区域发展尤其要重视内陆地区的政策精确性，完善落后地区的基本公共服务制度，实现区域均等化，夯实经济一体化的基础；另外，长期来看，要推动经济一体化进程，逐步减少对以落后地区为瞄准对象的政策，充分利用集聚经济的益处，在制度完备的条件下，将扶贫瞄准对象直接针对贫困家庭和个体。

第五，为了进一步提高扶贫开发政策的有效性，未来应该加强对贫困数据收集和扶贫政策的效应评估，跟踪贫困状况和政策的实施效果；以政策效果为标准加强对地方官员的扶贫绩效考核，重视条件性的扶贫举措，构建针对政府和贫困个体的有效脱贫激励；同时要改善扶贫资源分配的瞄准制度，当前应该精准化瞄准区域，长期逐步放弃区域瞄准制度，加强覆盖城乡的贫困户识别，因地制宜地考虑社会资本等影响分配的非显性因素，分梯度进行瞄准；最后要打通各部门扶贫政策间的融合障碍，实现不同维度扶贫政策的有机结合，构建"大扶贫"政策体系。

9.2　研究的不足和未来的研究方向

本书的研究仍然存在值得改善之处。

首先，囿于数据限制，本书采用的宏观数据为 1990~2010 年五省区的县域数据，微观数据反映的贫困状况为 2002~2012 年，对其他省区以及 1990 年之前和 2013 年至今的贫困状况和政策效果缺乏研究，而最近几年尤其是 2014 年以来是扶贫进程的加速期，因此未来的研究将覆盖全国所有区县以及 2012 年以来的最新数据，提高研究的代表性。

其次，在探讨贫困演化的空间异质性时，本书仅仅从宏观视角利用统计学和可视化方法进行了初步推断，由于相关数据的缺失，未能进行相对严格的"反事实"分析从而获得各种政策的因果效应。未来的研究将聚焦于更微观的机制分析，寻找合适的自然或准自然实验场景，对空间异质性背后的原因进行更严谨的分析。

再次，本书对扶贫开发政策的因果效应进行了识别，同时从社会资本角度提出了一个解释，但对区域瞄准刚性、脱贫激励缺失等更多可能的原因仅做了尝试性的规范分析，未能从统计学意义上进行严格的证明。从更多角度对扶贫开发的"政策陷阱"的解释也是未来研究的主要方向。

最后，识别社会资本对资源俘获效应最直接的方法是研究社会资本是否有利于获得更多资源，也就是本书中通过"关系"直接或间接取得的收益。但本书未能获得直接反映扶贫开发资源分配情况的数据，因此基于社会资本通过制度完善和资源俘获这两种并列的渠道影响收入这一比较强的假设采用了间接的方法，一定程度上增加了机制识别的噪声。同时，衡量社会资本的指标较为单一。未来应该寻找直接反映扶贫开发资源分配情况的数据和更合理的社会资本衡量指标进行研究。

参考文献

［1］安虎森. 贫困落后地区积累贫困的经济运行机制分析［J］. 南开学报：哲学社会科学版，2001（4）：77-82.

［2］边燕杰，王文彬，张磊. 跨体制社会资本及其收入回报［J］. 中国社会科学，2012，2：110-126.

［3］蔡昉，陈凡，张车伟. 政府开发式扶贫资金政策与投资效率［J］. 中国青年政治学院学报，2001，20（2）：60-66.

［4］蔡之兵，张可云. 区域政策叠罗汉现象的成因，后果及建议［J］. 甘肃行政学院学报，2014（1）：93-103.

［5］曹洪民. 中国农村开发式扶贫模式研究［D］. 北京：中国农业大学，2003.

［6］曾国彪，姜凌. 贸易开放，地区收入差距与贫困：基于 CHNS 数据的经验研究［J］. 国际贸易问题，2014（3）：72-85.

［7］陈凡，杨越. 中国扶贫资金投入对缓解贫困的作用［J］. 农业技术经济，2003（6）：1-5.

［8］陈立中. 收入增长和分配对我国农村减贫的影响——方法，特征与证据［J］. 经济学（季刊），2009，2：15.

［9］陈林，伍海军. 国内双重差分法的研究现状与潜在问题［J］. 数量经济技术经济研究，2015，32（7）：133-148.

［10］陈云松，范晓光. 社会资本的劳动力市场效应估算——关于内生性问题的文献回溯和研究策略［J］. 社会学研究，2011（1）：167-195.

［11］陈宗胜，沈扬扬，周云波. 中国农村贫困状况的绝对与相对变动——兼论相对贫困线的设定［J］. 管理世界，2013（1）：67-77.

［12］程令国，张晔. "新农合"：经济绩效还是健康绩效？［J］. 经济研究，2012（1）：120-133.

［13］程令国，张晔，刘志彪. "新农保"改变了中国农村居民的养老模式吗？［J］. 经济研究，2013（8）：42-54.

［14］程名望，盖庆恩，史清华.农村减贫：应该更关注教育还是健康？——基于收入增长和差距缩小双重视角的实证［J］.经济研究，2014（11）：11.

［15］程名望，史清华，盖庆恩.市场化，政治身份及其收入效应——来自中国农户的证据［J］.管理世界，2016（3）：46–59.

［16］池振合，杨宜勇.贫困线研究综述［J］.经济理论与经济管理，2012（7）：56–64.

［17］都阳.风险分散与非农劳动供给——来自贫困地区农村的经验证据［J］.数量经济技术经济研究，2001，18（1）：46–50.

［18］都阳，蔡昉.中国农村贫困性质的变化与扶贫战略调整［J］.中国农村观察，2005（5）：2–9.

［19］杜凤莲，孙婧芳.贫困影响因素与贫困敏感性的实证分析——基于1991—2009年的面板数据［J］.经济科学，2011（3）：57–67.

［20］范小建.中国特色扶贫开发的基本经验［J］.求是，2007（23）：48–49.

［21］方黎明，谢远涛.人力资本，社会资本与农村已婚男女非农就业［J］.财经研究，2013，39（008）：122–132.

［22］方黎明，张秀兰.中国农村扶贫的政策效应分析——基于能力贫困理论的考察［J］.财经研究，2007，33（12）：47–57.

［23］高国力，刘洋.当前东北地区经济下行特征及成因分析［J］.中国发展观察，2015（10）：77–79.

［24］高梦滔，姚洋.健康风险冲击对农户收入的影响［J］.经济研究，2005（12）15–25.

［25］葛志军，邢成举.精准扶贫：内涵，实践困境及其原因阐释——基于宁夏银川两个村庄的调查［J］.贵州社会科学，2015（5）：157–163.

［26］郭德宏.旧中国土地占有状况及发展趋势［J］.中国社会科学，1989（4）：199–212.

［27］郭云南，姚洋.宗族网络与农村劳动力流动［J］.管理世界，2013（3）：69–81.

［28］虢超，丁建军."关系"和教育对中国居民收入的影响——基于CGSS调查数据的实证分析［J］.南方经济，2014（3）：38–51.

［29］韩华为，徐月宾.中国农村低保制度的反贫困效应研究——来自中西部五省的经验证据［J］.经济评论，2014（6）：63–77.

［30］洪大用.中国城市扶贫政策的缺陷及其改进方向分析［J］.江苏社会科学,
    2003（2）：134-139.

［31］侯景新.论我国西部落后地区的开发战略［J］.兰州学刊,1986（4）：003.

［32］胡兵,赖景生,胡宝娣.经济增长,收入分配与贫困缓解——基于中国
    农村贫困变动的实证分析［J］.数量经济技术经济研究,2007,24（5）：
    33-42.

［33］胡联,汪三贵,王娜.贫困村互助资金存在精英俘获吗——基于5省30
    个贫困村互助资金试点村的经验证据［J］.经济学家,2015（9）：78-85.

［34］解垩.公共转移支付与老年人的多维贫困［J］.中国工业经济,2015（11）：
    32-46.

［35］匡远配.中国扶贫政策和机制的创新研究综述［J］.农业经济问题,2005
    （8）：24-28.

［36］匡远配,汪三贵.揭开"贫困帽"下的机制缺陷［J］.学习月刊,2012（7）：
    18.

［37］李爱民,孙久文.新时期扶贫开发总体思路研究［J］.中国物价,2013
    （12）：66-69.

［38］李飞.贫困县乱象揭秘:经济强县靠打折数据成贫困县［J］.法制与社会,
    2014（10）：26-28.

［39］李佳路.扶贫项目的减贫效果评估:对30个国家扶贫开发重点县调查
    ［J］.改革,2010（8）：125-132.

［40］李金铮.土地改革中的农民心态:以1937—1949年的华北乡村为中心
    ［J］.近代史研究,2006,154（4）：76.

［41］李强,郑江淮.基础设施投资真的能促进经济增长吗?——基于基础设施
    投资"挤出效应"的实证分析［J］.产业经济研究,2012（3）：50-58.

［42］李姗姗,孙久文.中国城市贫困空间分异与反贫困政策体系研究［J］.现
    代经济探讨,2015（1）：78-82.

［43］李玉恒,王艳飞,刘彦随.我国扶贫开发中社会资本作用机理及效应［J］.
    中国科学院院刊,2016,31（3）：302-308.

［44］李育良,党国印."三西"地区农业建设资金利用效益研究［J］.科学·经
    济·社会,1992,10（4）：12-16.

［45］林万龙,杨丛丛.贫困农户能有效利用扶贫型小额信贷服务吗?——对四

川省仪陇县贫困村互助资金试点的案例分析 [J]. 中国农村经济, 2012, 2: 35–45.

[46] 林伯强. 中国的经济增长, 贫困减少与政策选择 [J]. 经济研究, 2003, 12.

[47] 刘朝明, 张衔. 扶贫攻坚与效益衡定分析方法 [J]. 经济研究, 1999, 5.

[48] 刘冬梅. 中国政府开发式扶贫资金投放效果的实证研究 [J]. 管理世界, 2001 (6): 123–131.

[49] 刘甲炎, 范子英. 中国房产税试点的效果评估: 基于合成控制法的研究 [J]. 世界经济, 2013 (11): 117–135.

[50] 刘乃全, 郑秀君, 贾彦利. 中国区域发展战略政策演变及整体效应研究 [J]. 财经研究, 2005, 31 (1): 25–37.

[51] 刘瑞明, 赵仁杰. 西部大开发: 增长驱动还是政策陷阱——基于 PSM–DID 方法的研究 [J]. 中国工业经济, 2015 (6): 32–43.

[52] 刘少杰. 以行动与结构互动为基础的社会资本研究——评林南社会资本理论的方法原则和理论视野 [J]. 国外社会科学, 2004 (2): 21–28.

[53] 刘西川, 杨奇明, 陈立辉. 农户信贷市场的正规部门与非正规部门: 替代还是互补? [J]. 经济研究, 2014, 49 (11): 145–158.

[54] 刘轶芳, 罗文博. 1989—2009 年我国农村贫困演变及指数分解研究 [J]. 农业技术经济, 2013, 10: 6–17.

[55] 陆铭, 李爽. 社会资本, 非正式制度与经济发展 [J]. 管理世界, 2008, 9: 161–165.

[56] 罗楚亮. 经济增长, 收入差距与农村贫困 [J]. 经济研究, 2012, 2: 15–27.

[57] 罗党论, 唐清泉. 政治关系, 社会资本与政策资源获取: 来自中国民营上市公司的经验证据 [J]. 世界经济, 2009 (7): 84–96.

[58] 罗其友, 张弩. "三西"农业投资建设成效及值得注意的问题 [J]. 农业区划, 1987, 5: 15.

[59] 马良灿. 项目制背景下农村扶贫工作及其限度 [J]. 社会科学战线, 2013, 4: 211–217.

[60] 毛捷, 汪德华, 白重恩. 扶贫与地方政府公共支出——基于"八七扶贫攻坚计划"的经验研究 [J]. 经济学 (季刊), 2012, 11 (3): 1365–1388.

［61］毛泽东 . 论十大关系［J］. 文史哲，1976（04）：1-19.

［62］潘峰华，贺灿飞 . 新经济地理学和经济地理学的对话［J］. 地理科学进展，2010，29（12）.

［63］渠敬东 . 项目制：一种新的国家治理体制［J］. 中国社会科学，2012（5）：113-130.

［64］沈红 . 扶贫开发的方式与质量：甘肃，宁夏两省区扶贫调查分析［J］. 开发研究，1993（2）：49-53.

［65］宋扬，赵君 . 中国的贫困现状与特征：基于等值规模调整后的再分析［J］. 管理世界，2015，10：9.

［66］孙久文，原倩 . 我国区域政策的"泛化"，困境摆脱及其新方位找寻［J］. 改革，2014（4）：80-87.

［67］孙三百 . 社会资本的作用有多大？——基于合意就业获取视角的实证检验［J］. 世界经济文汇，2013（5）：70-84.

［68］孙早，杨光，李康 . 基础设施投资对经济增长的贡献：存在拐点吗——来自中国的经验证据［J］. 财经科学，2014（6）：75-84.

［69］万广华，张茵 . 中国沿海与内地贫困差异之解析：基于回归的分解方法［J］. 经济研究，2008，12：75-84.

［70］汪三贵 . 中国新时期农村扶贫与村级贫困瞄准［J］. 管理世界，2007（1）：56-64.

［71］汪三贵 . 在发展中战胜贫困——对中国 30 年大规模减贫经验的总结与评价［J］. 管理世界，2008（11）：78-88.

［72］汪三贵，李文，李芸 . 我国扶贫资金投向及效果分析［J］. 农业技术经济，2004（5）：45-49.

［73］汪三贵，李周，任燕顺 . 中国的"八七扶贫攻坚计划"：国家战略及其影响［J］. 上海扶贫大会大规模减贫案例研究，2004.

［74］王朝明，姚毅 . 中国城乡贫困动态演化的实证研究：1990—2005 年［J］. 数量经济技术经济研究，2010（3）：3-15.

［75］王萍萍，徐鑫，郝彦宏 . 中国农村贫困标准问题研究［J］. 调研世界，2015（8）：3-8.

［76］王贤彬，聂海峰 . 行政区划调整与经济增长［J］. 管理世界，2010（4）：42-53.

［77］王晓琦，顾昕.中国贫困线水平研究［J］.学习与实践，2015（5）：76-87.

［78］王艺明，刘志红.大型公共支出项目的政策效果评估——以"八七扶贫攻坚计划"为例［J］.财贸经济，2016，37（1）：33-47.

［79］王有捐.对城市居民最低生活保障政策执行情况的评价［J］.统计研究，2006（10）：49-54.

［80］魏后凯.对推进形成主体功能区的冷思考［J］.中国发展观察，2007（3）：28-30.

［81］魏后凯.改革开放30年中国区域经济的变迁——从不平衡发展到相对均衡发展［J］.经济学动态，2008（5）：9-16.

［82］温涛，朱炯，王小华.中国农贷的"精英俘获"机制：贫困县与非贫困县的分层比较［J］.经济研究，2016，51（2）：111-125.

［83］温铁军.部门和资本"下乡"与农民专业合作经济组织的发展［J］.经济理论与经济管理，2009，7：5-12.

［84］吴伟.我国居民收入差距研究——基于扣除生活成本地区差异的方法［J］.调研世界，2016（7）：3-7.

［85］夏庆杰，宋丽娜，Appleton Simon.中国城镇贫困的变化趋势和模式：1988-2002［J］.经济研究，2007，9：96-111.

［86］夏庆杰，宋丽娜，Appleton Simon.经济增长与农村反贫困［J］.经济学（季刊），2010，9（3）.

［87］鲜祖德，王萍萍，吴伟.中国农村贫困标准与贫困监测［J］.统计研究，2016，33（9）：3-12.

［88］邢成举，李小云.精英俘获与财政扶贫项目目标偏离的研究［J］.中国行政管理，2013，9：109-113.

［89］许庆，刘进，杨青.农村民间借贷的减贫效应研究——基于健康冲击视角的分析［J］.中国人口科学，2016（3）：34-42.

［90］杨斌，徐敬凯.1978年以来中国农村社会保障制度的发展及评价［J］.山东社会科学，2014：4.

［91］杨楚.近观尤努斯　反思中国小微金融扶贫［J］.中国社会组织，2015（4）：15-17.

［92］杨国涛，东梅，张会萍.家庭特征对农户贫困的影响：基于西海固分户调查数据的分析［J］.农业技术经济，2010（4）：42-48.

［93］姚毅，王朝明．中国城市贫困发生机制的解读——基于经济增长，人力资本和社会资本的视角［J］．财贸经济，2010（10）：106-113.

［94］叶静怡，武玲蔚．社会资本与进城务工人员工资水平——资源测量与因果识别［J］．经济学（季刊），2014（3）：1303-1322.

［95］叶静怡，周晔馨．社会资本转换与农民工收入——来自北京农民工调查的证据［J］．管理世界，2010（10）：34-46.

［96］张彬斌．新时期政策扶贫：目标选择和农民增收［J］．经济学（季刊），2013，12（3）：959-982.

［97］张可云．区域科学的兴衰，新经济地理学争论与区域经济学的未来方向［J］．经济学动态，2013（3）：9-22.

［98］张磊．中国扶贫开发政策演变（1949—2005年）［M］．中国财政经济出版社，2007.

［99］张爽，陆铭，章元．社会资本的作用随市场化进程减弱还是加强？［J］．经济学（季刊），2007，6（2）：539-560.

［100］张耀军．我国人才扶贫新论［J］．财贸研究，1999（5）：63-65.

［101］张莹，万广华．我国城市贫困地区差异之研究［J］．管理世界，2006（10）：50-56.

［102］章元，陆铭．社会网络是否有助于提高农民工的工资水平？［J］．管理世界，2009（3）：45-54.

［103］赵剑治，陆铭．关系对农村收入差距的贡献及其地区差异［J］．经济学（季刊），2009，9（1）.

［104］郑功成．中国的贫困问题与NGO扶贫的发展［J］．中国软科学，2002（7）：9-13.

［105］郑杭生，李棉管．中国扶贫历程中的个人与社会——社会互构论的诠释理路［J］．教学与研究，2009，6：000.

［106］郑有贵．粮食流通体制改革：政策演变及其绩效分析［J］．当代中国史研究，1998，4.

［107］周彬彬．人民公社时期的贫困问题［J］．经济研究参考，1992（Z1）：821-837.

［108］周常春，刘剑锋，石振杰．贫困县农村治理"内卷化"与参与式扶贫关系研究——来自云南扶贫调查的实证［J］．公共管理学报，2016（1）：

81–91.

［109］周黎安. 晋升博弈中政府官员的激励与合作——兼论我国地方保护主义和重复建设问题长期存在的原因［J］. 经济研究，2004，6（33）.

［110］周黎安. 中国地方官员的晋升锦标赛模式研究［J］. 经济研究，2007，7：6.

［111］周明长. 三线建设与中国内地城市发展（1964—1980 年）［J］. 中国经济史研究，2014（1）：142–151.

［112］周晔馨. 社会资本是穷人的资本吗？［J］. 管理世界，2012，7：83–95.

［113］周晔馨，叶静怡. 社会资本在减轻农村贫困中的作用：文献述评与研究展望［J］. 南方经济，2014（7）：35–57.

［114］周玉龙，孙久文. 论区域发展政策的空间属性［J］. 中国软科学，2016（2）：67–80.

［115］周玉龙，孙久文，梁玮佳. 中国贫困程度的再估计——基于中国综合社会调查的空间异质性分析［J］. 中国人民大学学报，2017，1（1）：71–81.

［116］周玉龙，孙久文. 社会资本与农户脱贫——基于中国综合社会调查的经验研究［J］. 经济学动态，2017（4）：16–30.

［117］周玉龙，孙久文. 瞄准国贫县的扶贫开发政策成效评估——基于1990—2010 年县域数据的经验研究［J］. 南开经济研究，2019（5）：21–40.

［118］周玉龙，王元. 建党100 年来农村扶贫政策的改革：演进、经验和未来方向［J］. 齐鲁学刊，2021（5）：18–25.

［119］朱乾宇. 我国政府扶贫资金使用的绩效分析［J］. 科技进步与对策，2003，11：36–37.

［120］Abadie A, Diamond A, Hainmueller J. Synthetic Control Methods for Comparative Case Studies: Estimating the Effect of California's Tobacco Control Program[J]. *Journal of the American Statistical Association*, 2012.

［121］Abadie A, Gardeazabal J. The Economic Costs of Conflict: A Case Study of the Basque Country[J]. *The American Economic Review*, 2003, 93(1):113-132.

［122］Acemoglu D, Robinson J A. De Facto Political Power and Institutional Persistence[J]. *The American Economic Review*, 2006,96(2):325-330.

［123］Author S. *Regions Matter: Economic Recovery, Innovation and Sustainable Growth*[M]. OECD Publishing, 2009.

［124］Baldwin R, Forslid R, Martin P, et al. Public Policies and Economic

Geography[J]. *Princeton: PUP*, 2003.

［125］ Banerjee A, Duflo E, Glennerster R, et al. The Miracle of Microfinance? Evidence from a Randomized Evaluation[J]. *American Economic Journal: Applied Economics*, 2015,7(1):22-53.

［126］ Bank W. World Development Report 2009: Reshaping Economic Geography[Z]. World Bank Publications: Washington DC, 2009.

［127］ Barca F. An Agenda for a Reformed Cohesion Policy-Independent Report[J]. *Brussels, European Commission*, 2009.

［128］ Barca F, Mccann P, Rodríguez Pose A. The Case for Regional Development Intervention: Place - based Versus Place - neutral Approaches[J]. *Journal of Regional Science*, 2012,52(1):134-152.

［129］ Barthel F, Busse M, Neumayer E. The Impact of Double Taxation Treaties on Foreign Direct Investment: Evidence from Large Dyadic Panel Data[J]. *Contemporary Economic Policy*, 2010,28(3):366-377.

［130］ Baum-Snow N, Brandt L, Henderson J V, et al. Roads, Railroads and Decentralization of Chinese Cities[J]. *Review of Economics and Statistics*, 2017,99(3): 435-448.

［131］ Becker S O, Egger P H, Von Ehrlich M. Too Much of a Good Thing? On the Growth Effects of the EU's Regional Policy[J]. *European Economic Review*, 2012,56(4):648-668.

［132］ Bernini C, Pellegrini G. How are Growth and Productivity in Private Firms Affected by Public Subsidy? Evidence from a Regional Policy[J]. *Regional Science and Urban Economics*, 2011,41(3):253-265.

［133］ Bian Y. Bringing Strong Ties Back in: Indirect Ties, Network Bridges, and Job Searches in China[J]. *American Sociological Review*, 1997:366-385.

［134］ Bolton R. 'Place Prosperity vs People Prosperity' Revisited: An Old Issue with a New Angle[J]. *Urban Studies*, 1992,29(2):185-203.

［135］ Bowles S, Gintis H. Social Capital and Community Governance[J]. *The Economic Journal*, 2002,112(483):F419-F436.

［136］ Brandt L, Holz C A. Spatial Price Differences in China: Estimates and Implications[J]. *Economic development and cultural change*, 2006,55(1):43-86.

［137］Busso M, Gregory J, Kline P. Assessing the Incidence and Efficiency of a Prominent Place Based Policy[J]. *The American Economic Review*, 2013,103(2):897-947.

［138］Busso M, Kline P. Do Local Economic Development Programs Work? Evidence from the Federal Empowerment Zone Program[R].Cowles Foundation for Research in Economics, Yale University, 2008.

［139］Chantarat S, Barrett C B. Social Network Capital, Economic Mobility and Poverty Traps[J]. *The Journal of Economic Inequality*, 2012,10(3):299-342.

［140］Chen S, Ravallion M. More Relatively - poor People in a Less Absolutely - Poor World[J]. *Review of Income and Wealth*, 2013,59(1):1-28.

［141］Clark G L. Interregional Migration National Policy and Social Justice[J]. *Political Geography Quarterly*, 1983.

［142］Cleaver F. The Inequality of Social Capital and the Reproduction of Chronic Poverty[J]. *World Development*, 2005,33(6):893-906.

［143］Corona L, Doutriaux J, Mian S A. *Building Knowledge Regions in North America: Emerging Technology Innovation Poles*[M]. Edward Elgar Publishing, 2006.

［144］Criscuolo C, Martin R, Overman H, et al. The Causal Effects of an Industrial Policy[R].National Bureau of Economic Research, 2012.

［145］Dall'Erba S, Le Gallo J. Regional Convergence and the Impact of European Structural Funds over 1989–1999: A Spatial Econometric Analysis[J]. *Papers in Regional Science*, 2008,87(2):219-244.

［146］De Ree J, Alessie R, Pradhan M. The Price and Utility Dependence of Equivalence Scales: Evidence From Indonesia[J]. *Journal of Public Economics*, 2013,97:272-281.

［147］Deaton A, Kozel V. Data and Dogma: The Great Indian Poverty Debate[J]. *The World Bank Research Observer*, 2005,20(2):177-199.

［148］Duranton G, Turner M A. Urban Growth and Transportation[J]. *The Review of Economic Studies*, 2012,79(4):1407-1440.

［149］Durlauf S N. On the Empirics of Social Capital[J]. *The Economic Journal*, 2002,112(483):F459-F479.

[150] Edel M. People Versus Places in Urban Impact Analysis[J]. *The urban impacts of federal policies*, 1980:175-191.

[151] Faber B. Trade Integration, Market Size, and Industrialization: Evidence from China's National Trunk Highway System[J]. *The Review of Economic Studies*, 2014:u10.

[152] Fan J, Zou B. Industrialization from scratch: The "Construction of Third Front" and local economic development in China's hinterland[J]. *Journal of Development Economics*. 2021 Jun 16:102698.

[153] Fan M. Do Food Stamps Contribute to Obesity in Low-income Women? Evidence from the National Longitudinal Survey of Youth 1979[J]. *American Journal of Agricultural Economics*, 2010:q47.

[154] Ferguson N, Maier C S, Manela E, et al. *The Shock of the Global: the 1970s in Perspective*[M]. Harvard University Press, 2011.

[155] Foray D, David P A, Hall B H. Smart Specialisation From Academic Idea to Political Instrument, the Surprising Career of a Concept and the Difficulties Involved in its Implementation[R].EPFL, 2011.

[156] Fujita M, Krugman P R, Venables A. *The Spatial Economy: Cities, Regions, and International Trade*[M]. MIT press, 2001.

[157] Galasso E, Ravallion M. Decentralized Targeting of an Antipoverty Program[J]. *Journal of Public economics*, 2005,89(4):705-727.

[158] Garretsen H, Martin R. The Journal of Economic Geography a Decade on: Where do We go from Here?[J]. *Journal of Economic Geography*, 2011,11(2):207-213.

[159] Giulietti C, Caliendo M, Schmidl R, et al. Social Networks, Job Search Methods and Reservation Wages: Evidence for Germany[J]. *International Journal of Manpower*, 2011,32(7):796-824.

[160] Givord P, Rathelot R, Sillard P. Place-based Tax Exemptions and Displacement Effects: An Evaluation of the Zones Franches Urbaines program[J]. *Regional Science and Urban Economics*, 2013,43(1):151-163.

[161] Glaeser E L, Gottlieb J D. The Economics of Place-making Policies[R]. National Bureau of Economic Research, 2008.

[162] Gravemeyer S, Gries T, Xue J. Income Determination and Income Discrimination in Shenzhen[J]. *Urban Studies*, 2010:1259060075.

[163] Grootaert C. Social capital, Household Welfare, and Poverty in Indonesia[J]. *World bank policy research working paper*, 1999(2148).

[164] Grootaert C. *Does Social Capital Help the Poor?-A Synthesis of Findings from the Local Level Institutions Studies in Bolivia, Burkina Faso, and Indonesia*[M]. The World Bank, 2001:

[165] Gunnar M. Economic Theory and Under-developed Regions[J]. *Gerald Duckworth & Co Ltd*, 1957.

[166] Hagen T, Mohl P. *Econometric Evaluation of EU Cohesion Policy: A Survey*[M]. ZEW, 2009.

[167] Hanna R, Karlan D. Designing Social Protection Programs: Using Theory and Experimentation to Understand How to Help Combat Poverty[J]. *Handbook of Economic Field Experiments*, 2016.

[168] Hanson A. Local Employment, Poverty, and Property Value Effects of Geographically-targeted Tax Incentives: An Instrumental Variables Approach[J]. *Regional Science and Urban Economics*, 2009,39(6):721-731.

[169] Hanson A, Rohlin S. Do Spatially Targeted Redevelopment Programs Spillover?[J]. *Regional Science and Urban Economics*, 2013,43(1):86-100.

[170] Heckman J J, Ichimura H, Todd P E. Matching as an Econometric Evaluation Estimator: Evidence from Evaluating a Job Training Programme[J]. *The Review of Economic Studies*, 1997,64(4):605-654.

[171] Higgins B, Hirschman A O. The Strategy of Economic Development.[Yale Studies in Economics: 10][Z]. JSTOR, 1960.

[172] Hussain A. *Urban Poverty in China: Measurements, Patterns and Policies*[M]. ILO Geneva, 2003.

[173] Hvistendahl M. The Numbers Game[J]. *Science*, 2013,340(6136):1037-1039.

[174] Isserman A, Rephann T. The Economic Effects of the Appalachian Regional Commission: An Empirical Assessment of 26 Years of Regional Development Planning[J]. *Journal of the American Planning Association*, 1995,61(3):345-364.

[175] Jacobs J. Why TVA Failed[J]. *New York Review of Books*, 1984,31(8):41-47.

［176］Jenkins S P. Estimation and Interpretation of Measures of Inequality, Poverty, and Social Welfare Using Stata. Presentation at North American Stata Users' Group Meetings 2006, Boston MA[Z]. 2006.

［177］Kamanou G, Morduch J, Isidero D P, et al. Handbook on Poverty Statistics: Concepts, Methods and Policy Use[J]. *The United Nations Statistics Division*. Retrieved from http://unstats.un.org/unsd/methods/poverty/pdf/UN_Book%20FINAL, 2005,2:30.

［178］Khandker S R. Microfinance and Poverty: Evidence Using Panel Data from Bangladesh[J]. *The World Bank Economic Review*, 2005,19(2):263-286.

［179］Khandker S R, Koolwal G B, Samad H A. *Handbook on Impact Evaluation: Quantitative Methods and Practices*[M]. World Bank Publications, 2010.

［180］Kline P, Moretti E. Local Economic Development, Agglomeration Economies, and the Big Push: 100 Years of Evidence from the Tennessee Valley Authority[J]. *The Quarterly Journal of Economics*, 2014,129(1):275-331.

［181］Knight J, Yueh L. The Role of Social Capital in the Labour Market in China[J]. *Economics of Transition*, 2008,16(3):389-414.

［182］Krugman P. Increasing Returns and Economic Geography[J]. *The Journal of Political Economy*, 1991,99(3):483-499.

［183］Krupka D J, Noonan D S. Empowerment Zones, Neighborhood Change and Owner-occupied Housing[J]. *Regional Science and Urban Economics*, 2009,39(4):386-396.

［184］Kugler A D. Employee Referrals and Efficiency Wages[J]. *Labour economics*, 2003,10(5):531-556.

［185］Lin N, Cook K S, Burt R S. *Social Capital: Theory and Research*[M]. Transaction Publishers, 2001.

［186］Manville M. People, Race and Place: American Support for Person-and Place-based Urban Policy, 1973–2008[J]. *Urban Studies*, 2012,49(14):3101-3119.

［187］Marchionni C. Geographical Economics Versus Economic Geography: Towards a Clarification of the Dispute[J]. *Environment and Planning A*, 2004,36(10):1737-1753.

［188］Markusen A. Sticky Places in Slippery Space: A Typology of Industrial

Districts[J]. *Economic geography*, 1996,72(3):293-313.

[189] McCann P. Globalization and Economic Geography: The World is Curved, not Flat[J]. *Cambridge Journal of Regions, Economy and Society*, 2008,1(3):351-370.

[190] McCann P, Acs Z J. Globalization: Countries, Cities and Multinationals[J]. *Regional Studies*, 2011,45(1):17-32.

[191] McCann P, Ortega-Argilés R. Smart Specialization, Regional Growth and Applications to European Union Cohesion Policy[J]. *Regional Studies*, 2015,49(8):1291-1302.

[192] Meng L. Evaluating China's Poverty Alleviation Program: A Regression Discontinuity Approach[J]. *Journal of Public Economics*, 2013,101:1-11.

[193] Meng X, Gregory R, Wang Y. Poverty, Inequality, and Growth in Urban China, 1986–2000[J]. *Journal of Comparative Economics*, 2005,33(4):710-729.

[194] Mohl P, Hagen T. Do EU Structural Funds Promote Regional Growth? New Evidence from Various Panel Data Approaches[J]. *Regional Science and Urban Economics*, 2010,40(5):353-365.

[195] Montalvo J G, Ravallion M. The Pattern of Growth and Poverty Reduction in China[J]. *Journal of Comparative Economics*, 2010,38(1):2-16.

[196] Mouw T. Social Capital and Finding a Job: Do Contacts Matter?[J]. *American Sociological Review*, 2003:868-898.

[197] Munshi K, Rosenzweig M. Why is Mobility in India so Low? Social Insurance, Inequality, and Growth[R].National Bureau of Economic Research, 2009.

[198] Neumark D, Simpson H. Place-based Policies[R].2014.

[199] OECD. How Should Regions Grow: Trends and Analysis[Z]. OECD, Paris, 2009.

[200] Park A, Wang S. Community-based Development and Poverty Alleviation: An Evaluation of China's Poor Village Investment Program[J]. *Journal of Public Economics*, 2010,94(9):790-799.

[201] Park A, Wang S, Wu G. Regional Poverty Targeting in China[J]. *Journal of Public Economics*, 2002,86(1):123-153.

[202] Partridge M D, Rickman D S, Olfert M R, et al. When Spatial Equilibrium

Fails: Is Place-based Policy Second Best?[J]. *Regional Studies*, 2015,49(8):1303-1325.

[203] Pike A, Rodríguez-Pose A, Tomaney J. Local and Regional Development in the Global North and South[J]. *Progress in Development Studies*, 2014,14(1):21-30.

[204] Puga D. European Regional Policies in Light of Recent Location Theories[J]. *Journal of Economic Geography*, 2002,2(4):373-406.

[205] Putnam R D, Leonardi R, Nonetti R Y. *Making Democracy Work Civic Traditions in Modern Italy*[M]. STU - Student edition. Princeton University Press, 1993.

[206] Ravallion M. Evaluating Anti-poverty Programs[J]. *Handbook of development economics*, 2007,4:3787-3846.

[207] Ravallion M, Chen S. Measuring Pro-poor Growth[J]. *Economics letters*, 2003,78(1):93-99.

[208] Ravallion M, Chen S. China's (uneven) Progress Against Poverty[J]. *Journal of development economics*, 2007,82(1):1-42.

[209] Reynolds C L, Rohlin S M. The Effects of Location-based Tax Policies on the Distribution of Household Income: Evidence from the Federal Empowerment Zone Program[J]. *Journal of Urban Economics*, 2015,88:1-15.

[210] Roberts M, Deichmann U, Fingleton B, et al. On the Road to Prosperity? The Economic Geography of China's National Expressway Network[J]. *World Bank Policy Research Series* WPS5479, 2010.

[211] Rodríguez-Pose A. Economic Geographers and the Limelight: Institutions and Policy in the World Development Report 2009[J]. *Economic Geography*, 2010,86(4):361-370.

[212] Rodrik D. Growth Strategies[J]. *Handbook of economic growth*, 2005,1:967-1014.

[213] Romer P M. Increasing Returns and Long-run Growth[J]. *The Journal of Political Economy*, 1986:1002-1037.

[214] Rona-Tas A. The First Shall be Last? Entrepreneurship and Communist Cadres in the Transition from Socialism[J]. *American Journal of Sociology*, 1994:40-69.

[215] Sapir A, Aghion P, Bertola G, et al. *An Agenda for a Growing Europe: The*

Sapir Report[M]. OUP Oxford, 2004.

［216］Shujie Y, Zhang Z, Hanmer L. Growing Inequality and Poverty in China[J]. *China Economic Review*, 2004,15(2):145-163.

［217］Solow R M. A Contribution to the Theory of Economic Growth[J]. *The quarterly journal of economics*, 1956:65-94.

［218］Storper M. *The Regional World: Territorial Development in a Global Economy*[M]. Guilford Press, 1997.

［219］Swan T W. Economic Growth and Capital Accumulation[J]. *Economic record*, 1956,32(2):334-361.

［220］Thissen M, Van Oort F. European Place-Based Development Policy and Sustainable Economic Agglomeration[J]. *Tijdschrift Voor Economische en Sociale Geografie*, 2010,101(4):473-480.

［221］Varga A. Place-based, Spatially Blind, or Both? Challenges in Estimating the Impacts of Modern Development Policies The Case of the GMR Policy Impact Modeling Approach[J]. *International Regional Science Review*, 2015:19024515.

［222］Wang M. Emerging Urban Poverty and Effects of the Dibao Program on Alleviating Poverty in China[J]. *China & World Economy*, 2007,15(2):74-88.

［223］Winnick L. Place Prosperity vs. People Prosperity: Welfare Considerations in the Geographic Redistribution of Economic Activity[J]. *Essays in Urban Land Economics*, 1966:273-283.

［224］Woolcock M, Narayan D. Social Capital: Implications for Development Theory, Research, and Policy[J]. *The World Bank Research Observer*, 2000,15(2):225-249.

［225］Yao S. Economic Development and Poverty Reduction in China over 20 Years of Reforms[J]. *Economic Development and Cultural Change*, 2000,48(3):447-474.

［226］Zhang C, Xu Q, Zhou X, et al. Are Poverty Rates Underestimated in China? New Evidence from Four Recent Surveys[J]. *China Economic Review*, 2014,31:410-425.